케이블루의 프랑스 자수
스티치 106

케이블루의 프랑스 자수
스티치 106
K.Blue's Embroidery

김소영 지음

팜파스

Prologue

심플하면 심플한 대로,
복잡하면 복잡한 대로
어느 것이라도 아름답습니다.
그것이 자수의 매력인 듯합니다.

책이 여러 권이다 보니 "작가님의 책 중에 초보가 할 수 있는 가장 쉬운 책을 추천해주세요"
라는 질문을 가장 많이 받았습니다.
그럴 때마다 저는 늘 대략 난감했죠.
초보를 배려하지 않고 생각나는 대로 그림을 그리고 자수를 놓은 것 같다는 생각이 들었습니다.
저의 작품을 처음 접하시는 분들은 대부분 어렵다고 느끼셔서 제 나름대로 기본서라고 생각되는
다른 책을 추천해드리곤 했습니다.

그래서 이번에는 자수를 독학하시는 분들을 도울 수 있도록 초급부터 고급의 난이도까지
제가 많이 사용하는 스티치들을 한데 모아 친절한 설명을 덧붙여 보여드리려고 합니다.
다양한 도안을 통해 스티치를 연습하고 활용할 수 있도록 간단한 도안에서부터
난이도가 있는 도안까지 골고루 담아보았습니다.

이미 4권의 책을 출간한 경험이 있어, 이번에는 가벼운 마음으로 시작했습니다.
하지만 스티치북을 준비하는 것이 앞선 4권의 책보다 더욱 힘들었습니다.
상상력과 아름다운 색상을 더하여 자유로운 손놀림에 의존하여 흘러갔었는데,
이 책은 자수를 사랑하는 분들에게 조금이라도 도움을 줄 수 있는
정보를 전달하는 데 목적이 있기에, 틀에 박힌 작업을 두려워하고 덜렁대는 저에게
부담이 많이 되는 작업이었습니다.
스티치 명칭이 워낙 다양하고 나라마다, 사람마다 달라서 정리하는 작업은 쉽지 않았습니다.
열심히 노력해서 꼼꼼하게 스티치의 모든 것을 정리했습니다.
이 책을 찬찬히 보면서 따라 하시다 보면 프랑스 자수를 완전히 손에 익힐 수 있을 것입니다.

누구나 자수 아티스트가 되는 그날까지!

Contents

프롤로그 ___5

Basic 01 재료와 도구 ___12
Basic 02 바늘과 실의 종류와 크기 ___14
Basic 03 자수의 기초 ___16

Stitch by K.Blue

스티치의 종류

러닝 스티치 Running Stitch ____22
스레디드 러닝 스티치 Threaded Running Stitch ____22
인터레이스드 러닝 스티치 Interaised Running Stitch ____23
휘프트 러닝 스티치 Whipped Running Stitch ____24
스텝트 스레디드 러닝 스티치 Stepped Threaded Running Stitch ____24
다닝 스티치 Darning Stitch ____25
홀바인 스티치 Holbein Stitch ____25
백 스티치 Back Stitch ____26
스레디드 백 스티치 Threaded Back Stitch ____26
휘프트 백 스티치 Whipped Back Stitch ____27
페키니즈 스티치 Pekinese Stitch ____28
페키니즈 스티치의 응용
더블 페키니즈 스티치 Double Pekinese Stitch ____29
아우트라인 스티치 Outline Stitchv ____30
아우트라인 필링 스티치 Outline Filling Stitch ____30
카우칭 스티치 Couching Stitch ____31
펀 스티치 Fern Stitch ____32
플라이 스티치 Fly Stitch ____32
플라이 스티치의 활용
스트레이트 스티치 Straight Stitch ____34
밀 플라워 스티치 Mill Flower Stitch ____34
크로스 스티치 Cross Stitch ____35
더블 크로스 스티치 Double Cross Stitch ____36
시드 스티치 Seed Stitch ____36
아일릿 스티치 Eyelet Stitch ____37
그라니토스 스티치 Granitos Stitch ____37
새틴 스티치 Satin Stitch ____38
새틴 스티치 다트 Satin Stitch Dart ____38

Stitch by K.Blue

스티치의 종류

패디드 새틴 스티치 Padded Satin Stitch ___39

롱 앤드 쇼트 스티치 Long and Short Stitch ___39

프리 스티치 Free Stitch ___40

레이지 데이지 스티치 Lazy Daisy Stitch ___40

더블 레이지 데이지 스티치 Double Lazy Daisy Stitch ___41

러시안 체인 스티치 Russian Chain Stitch ___41

링 스티치 Ring Stitch ___42

프렌치 노트 스티치 French Knot Stitch ___42

콜로니얼 노트 스티치 Colonial Knot Stitch ___43

피스틸 스티치 Pistil Stitch ___43

저먼 노트 스티치 German Knot Stitch ___44

케이블 스티치 Cable Stitch ___44

여러 가지 케이블 스티치

체인 스티치 Chain Stitch ___46

휘프트 체인 스티치 Whipped Chain Stitch ___46

체커드 체인 스티치 Chequered Chain Stitch ___47

지그재그 체인 스티치 Zigzag Chain Stitch ___47

백 스티치드 체인 스티치 Back Stitched Chain Stitch ___48

스레디드 체인 스티치 Threaded Chain Stitch ___48

더블 체인 스티치 Double Chain Stitch ___49

케이블 체인 스티치 Cable Chain Stitch ___49

브로드 체인 스티치 Broad Chain Stitch ___50

헝가리안 브레이디드 체인 스티치 Hungarian Braided Chain Stitch ___50

스플릿 백 스티치 Split Back Stitch ___52

스플릿 스티치 Split Stitch ___52

휘티어 스티치 Wheatear Stitch ___53

브로큰 체인 스티치(하트 체인 스티치) Broken Chain Stitch ___53

페더 스티치 Feather Stitch ___54

Stitch by K.Blue

스티치의 종류

더블 페더 스티치 Double Feather Stitch ___54

클로즈드 페더 스티치 Closed Feather Stitch ___55

오픈 크레탄 스티치 Open Cretan Stitch ___55

버튼홀 스티치 Buttonhole Stitch ___56

더블 버튼홀 스티치 Double Buttonhole Stitch ___56

클로즈드 버튼홀 스티치 Closed Buttonhole Stitch ___57

쉐이프드 버튼홀 스티치 Shaped Buttonhole Stitch ___57

서클 버튼홀 스티치 Circle Buttonhole Stitch ___58

하프 서클 버튼홀 스티치 Half Circle Buttonhole Stitch ___58

스파이더 웹 로즈 스티치 Spider Web Rose Stitch ___59

휘프트 스파이더 스티치 Whipped spider stitch ___60

블리온 스티치 Bullion Stitch ___60

블리온 노트 스티치 Bullion Knot Stitch ___61

블리온 데이지 스티치 Bullion Daisy Stitch ___62

블리온 로즈 스티치 Bullion Rose Stitch ___63

롤 플라워 스티치 Roll Flower Stitch ___64

레이즈드 스템 스파이더 웹 스티치 Raised Stem Spider Web Stitch ___65

스템 로즈 스티치 Stem Rose Stitch ___65

램블러 로즈 스티치 Rambler Rose Stitch ___66

로제트 로즈 스티치 Rosette Rose Stitch ___66

휠 스티치 Wheel Stitch ___67

브레이드 스티치 Braid Stitch ___68

로제트 체인 스티치 Rosette Chain Stitch ___68

피시본 스티치 Fishbone Stitch ___69

리프 스티치 Leaf Stitch ___70

플랫 스티치 Flat Stitch ___70

크레탄 스티치 Cretan Stitch ___71

헤링본 스티치 Herringbone Stitch ___71

Stitch by K.Blue

스티치의 종류

더블 헤링본 스티치 Double Herringbone Stitch ____72

셰브론 스티치 Chevron Stitch ____72

더블 셰브론 스티치 Double Chevron Stitch ____73

코럴 스티치 Coral Stitch ____74

스크롤 스티치 Scroll Stitch ____74

번들 스티치 Bundle Stitch ____75

롤 스티치 Roll Stitch ____75

로프 스티치 Rope Stitch ____76

카우치트 트렐리스 스티치 Couched Trellis Stitch ____77

바스켓 스티치 Basket Stitch ____78

버든 스티치 Burden Stitch ____78

레이즈드 스템 밴드 스티치 Raised Stem Band Stitch ____79

레이즈드 버튼홀 스티치 Raised Buttonhole Stitch ____79

레이즈드 체인 스티치 Raised Chain Stitch ____80

오픈 버튼홀 필링 스티치 Open Buttonhole Filling Stitch ____81

실론 스티치 Ceylon Stitch ____82

캐스트 온 스티치 Cast on Stitch ____83

캐스트 온 링 스티치 Cast on Ring Stitch ____84

더블 캐스트 온 스티치 Double Cast on Stitch ____85

레이즈드 리프 스티치 Raised Leaf Stitch ____86

스미르나 스티치 Smyrna Stitch ____87

와이어 스티치 Wire Stitch ____88

레이즈드 컵 스티치 Raised Cup Stitch ____89

랩핑 비즈 스티치 Rapping Beads Stitch ____89

플라워 스티치 Flower Stitch ____90

나만의 스티치북 만들기 ____92

Work
by
K.Blue

스티치를
응용한 작품

스티치 액자 ___111

파란 손수건 ___116

소녀의 뒷모습 ___121

빨간색 자수 액자 ___124

꽃덮개 ___129

브로치를 위한 도안 ___135

파우치를 위한 도안 ___139

심플 스티치 도안 ___143

안경집 ___148

작고 동그란 자수 ___153

꽃다발과 오리 ___156

니들 케이스와 핀쿠션 ___161

꽃비 내리는 날 ___166

화이트 도일리 ___171

티슈 케이스 ___178

Plant story ___187

입체꽃 액자 ___191

크리스마스카드 ___195

재료와 도구

1. 자수에 사용되는 패브릭

• 리넨, 무명, 광목, 햄프리넨

너무 얇은 것보다 약간의 두께감이 있는 천, 평직으로 된 천이 자수를 놓기에 용이합니다. 작품의 느낌에 맞는 천을 선택해서 다양하게 수를 놓아보세요.

2. 실

DMC 25번사, 4번사, 25번 베리에이션사, 메탈릭사, 애플톤 울사, 덴마크꽃실(책에서 베리에이션사는 숫자 앞에 B, 메탈릭사는 M, 울사는 W, 덴마크꽃실은 D로 표기하였습니다.)

3. 바늘

자수용 바늘은 일반 바늘보다 바늘귀가 큽니다. 번호가 클수록 바늘은 가늘어집니다. 작품의 크기와 실의 굵기, 가닥 수에 따라 바늘을 선택하여 수를 놓아주세요.

4. 보빈

실을 감아 보관하는 실패입니다. 나무보빈, 플라스틱보빈, 종이보빈 등 다양하게 있습니다.

5. 재단가위

천을 자를 때는 재단가위를 이용해주세요.

6. 자수용 가위

자수실의 끝마무리를 할 때 잘라주고, 스미르나 스티치를 커팅할 때나 가위집을 넣을 때에 사용해주세요.

7. 자수틀

자수틀이 없어도 자수를 놓을 수는 있으나, 새틴 스티치같이 면을 채우는 스티치를 놓을 때는 틀을 활용하는 것이 깨끗하고 예쁘게 놓아집니다. 작은 수틀이 손에 잡고 작업하기에는 용이합니다.

8. 수성펜

물을 뿌리면 날아가는 펜입니다. 간혹 물을 뿌리면 마른 후 다시 색이 보일 때가 있는데요. 물에 아예 푹 담갔다 걸어서 말려주시거나, 물티슈나 휴지에 물을 묻혀 꼭꼭 눌러주세요.

9. 트레이싱페이퍼

책에 있는 도안을 베낄 때 사용합니다. 연필이나 수성펜으로 그려주세요.

10. 초크페이퍼

천에 도안을 옮길 때 사용합니다. 물에 지워지는 초크페이퍼를 사용하면 좋지만, 일반 먹지를 사용했다면 물파스로 자국을 지울 수 있어요. 패브릭에 따라 시험해본 뒤 사용해보세요.

11. 연필
트레이싱페이퍼에 도안을 옮길 때 사용합니다.

12. 시침핀
입체자수 레이지드 리프 스티치나, 캐스트 온 스티치를 할 때 사용됩니다.

13. 가는 철사
입체자수 꽃잎이나 나비를 표현할 때 사용됩니다.

14. 핀쿠션
바늘과 시침핀을 보관하는 데 사용합니다.

15. 자
패브릭의 사이즈를 잴 때와 자수 도안의 크기를 잴 때 사용됩니다.

16. 반제품
브로치나 펜던트, 머리핀, 머리끈 등 다양한 부자재를 이용해 소품 액세서리를 만들 수 있습니다.

바늘과 실의 종류와 크기

실의 종류

- 25번사 : 일반적으로 가장 많이 쓰이는 자수실 25번사는 6가닥으로 이루어져 있습니다.
- 4번사 : 25번사의 1.5배의 굵기이며, 한 가닥을 그대로 사용합니다.
- 베리에이션사 : 색상이 그러데이션을 이루고 있어 자연스러운 자연의 색감을 연출할 수 있습니다.
- 애플톤 울사 : 두 줄 꼬임이 한 가닥인 울로 만들어진 실로 포슬거리는 질감이 입체 꽃을 표현할 때 탁월합니다.
- 메탈릭사 : 금속 질감의 실로 한 가닥씩 사용합니다.
- 덴마크 꽃실 : 면 100%의 실로 포근하고 매트한 느낌의 실입니다. 한 가닥의 굵기가 DMC 두 가닥 정도의 굵기입니다. 10가닥이며 두 줄 꼬임이 한 가닥으로 이루어져 있습니다.

바늘의 종류와 크기

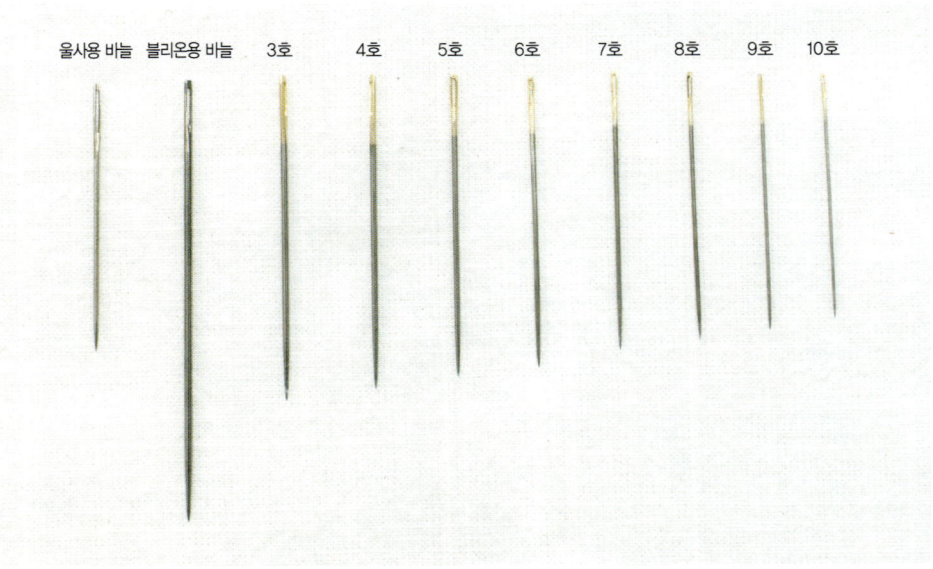

	굵기 (mm)	길이(mm)	가닥수(25번사 기준)
3호	0.97	44.5	5~6가닥
4호	0.91	42.9	4~6가닥
5호	0.84	41.3	4~5가닥
6호	0.76	39.7	3~4가닥
7호	0.69	38.1	2~3가닥
8호	0.61	36.5	2~3가닥
9호	0.53	34.9	1~2가닥
10호	0.46	33.3	1가닥

- 블리온용 바늘 : 1.14×60mm
  몸통보다 바늘귀가 얇아 블리온 자수 후 바늘이 쉽게 통과되어 수를 놓기에 용이합니다.
- 울사용 바늘 : 바늘귀가 일반 프랑스 자수 바늘보다 큽니다.

자수의 기초

1. 선세탁하기

리넨의 경우 천의 특성상 세탁을 하면 약간 줄어들기 때문에 수를 놓기 전에 선세탁을 하는 것이 좋습니다.

2. 천을 다려주기

도안을 옮기기 전에 패브릭을 다려주어야 정확한 그림이 표현됩니다.

3. 도안 옮기기

트레이싱페이퍼를 도안 위에 올리고 수성펜으로 베끼거나, 패브릭 위에 수성펜으로 직접 그립니다.

4. 천에 먹지 대고 그리기

아래부터 천→먹지→도안을 놓고 약간 힘을 주어 눌러 그립니다. 대략적인 도안을 그리고 세세한 부분은 도안을 보면서 수성펜이나 초크펜으로 그립니다.

5. 자수실 사용하기

사용되는 자수실 : 25번사, 4번사, 베리에이션사, 울사, 메탈릭사

6. 실 사용법

적당한 길이(40~50cm)로 자른 뒤, 실을 갈라서 사용할 가닥 수만큼 뽑아서 사용합니다. 너무 길게 사용하면 실이 꼬이면서 예쁜 자수가 놓아지지 않습니다.

7. 바늘 사용법

사용되는 바늘 : 바늘은 호수가 클수록 굵기가 얇습니다.

천의 조직과 실의 가닥 수, 굵기에 따라 적당한 바늘을 사용합니다. 실의 가닥 수에 따라 바늘을 선택해주세요. 예를 들어 얇은 바늘을 사용하면서 3가닥을 사용하여 수를 놓으면 실이 천을 통과하기 어렵거나, 바늘이 너무 굵으면 수를 놓은 뒤 천에 구멍이 나게 됩니다.

8. 실 꿰기

실 가닥을 가위로 잘 정리하여 바늘귀에 끼웁니다. 잘 끼워지지 않는다면 실꿰우개를 사용하세요.

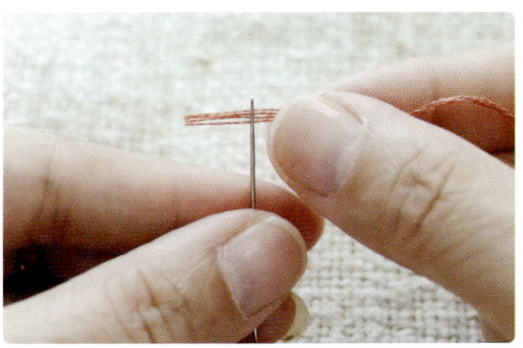

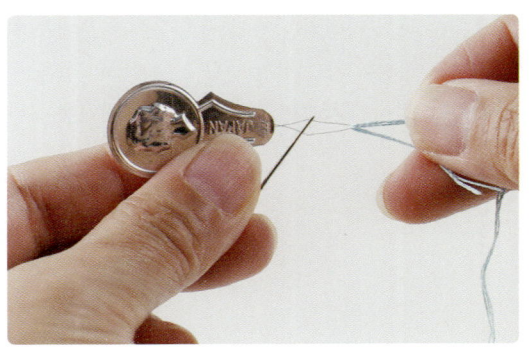

9. 매듭짓기

실 위에 바늘을 올려두고 두 번 정도 감아준 뒤, 매듭을 잡고 잡아당겨줍니다.

10. 실가르기

방법 1

필요한 가닥만큼 한 가닥씩 빼내어 정리해줍니다.

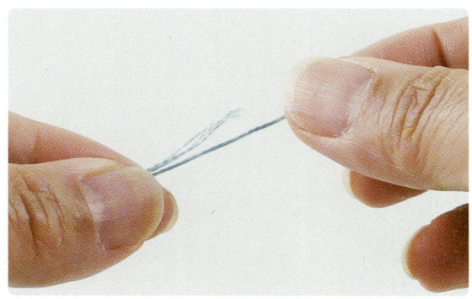

방법 2

오른손으로 3가닥씩 나누어 쥔 다음에 가운데를 왼손 검지로 천천히 가릅니다. 보통 2~3가닥의 실을 사용합니다. 급하게 가르면 엉킬 수 있으니 천천히 갈라주세요.

11. 수틀 사용하기

① 위쪽의 나사를 풀어 수틀을 분리하세요.

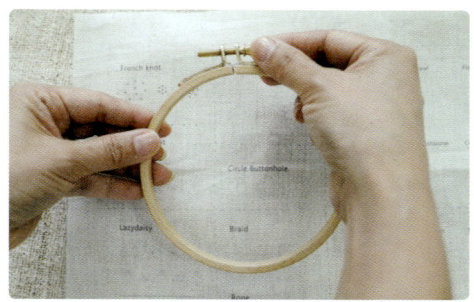

② 안쪽 틀을 놓고 그 위에 수놓을 패브릭을 덮습니다.

③ 바깥쪽 틀을 위쪽에 끼우고 패브릭을 잘 정리한 뒤 나사를 조여주세요.

12. 수놓기

원하는 수를 예쁘게 놓아주세요.

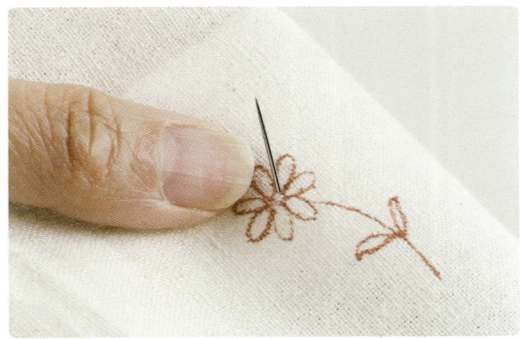

13. 마무리하기

방법1

굵은 매듭을 짓는 것이 싫다면 매듭을 짓지 않고 실 사이를 통과시키거나, 휘감아주세요.

방법2

자주 세탁하는 것에 수를 놓았다면 매듭을 지어서 마무리하는 게 좋습니다.

Stitch
by K.Blue

스티치의 종류

러닝 스티치
Running Stitch

오른쪽에서 왼쪽으로 선을 따라 규칙적인 방법으로 반복한다.

❶

❷
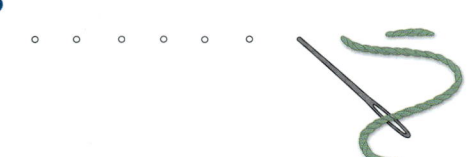

❸

❹

❺

스레디드 러닝 스티치
Threaded Running Stitch

러닝 스티치를 수놓은 뒤 아래에서 위쪽으로, 위쪽에서 아래로 번갈아가며 규칙적으로 땀 사이로 바늘을 통과시킨다. 땀으로 통과시키는 스티치를 할 때는 실에 걸리지 않도록 바늘귀 쪽으로 사용한다.

❶

❷

❸
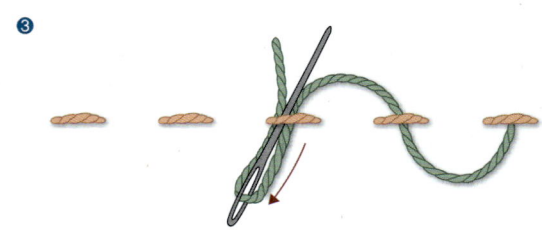

❹

스레디드 러닝 스티치의 응용

인터레이스드 러닝 스티치
Interaised Running Stitch

러닝 스티치를 수놓은 뒤 스레디드 러닝 스티치를 해주고, 또 다른 실로 반대 방향으로 스레디드 러닝 스티치를 해준다.

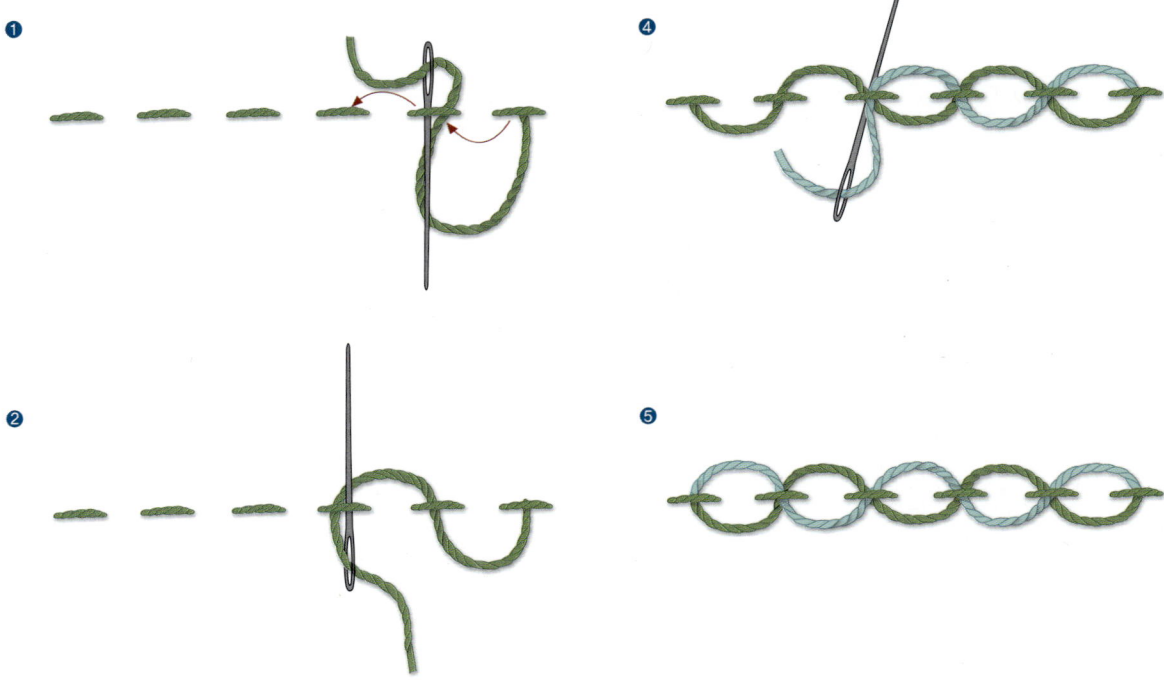

같은 색 실로 수를 놓을 때는 오른쪽에서 왼쪽으로 갔다가 그대로 왼쪽에서 오른쪽으로 오면서 땀을 통과시킨다.

휘프트 러닝 스티치
Whipped Running Stitch

러닝 스티치를 수놓은 뒤, 다른 색으로 오른쪽의 첫 땀 가운데 아래에서 실을 뺀 후 위에서 아래로 반복하여 각각의 땀으로 통과시킨다. 한 방향으로 휘감아주는 스티치다.

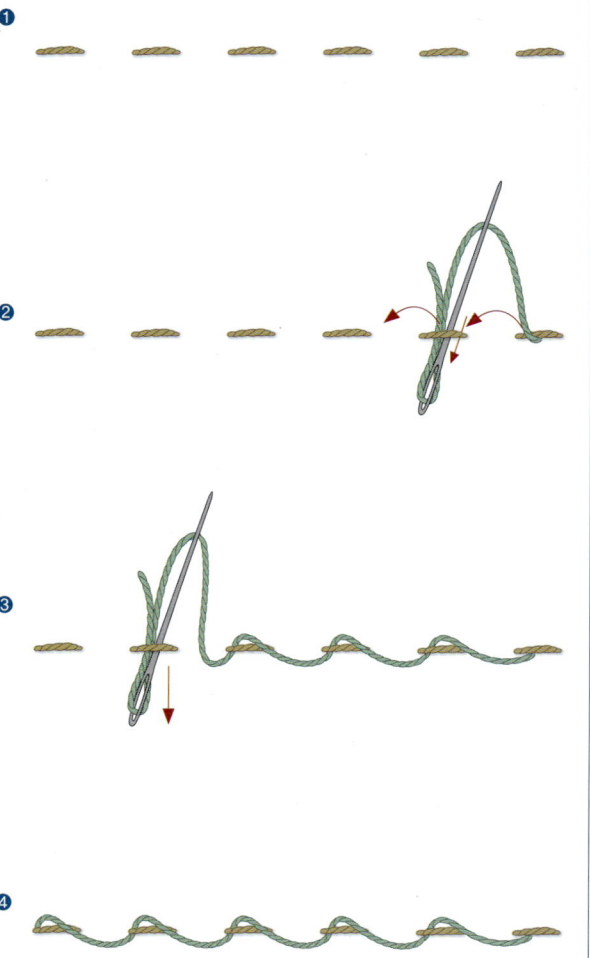

스텝트 스레디드 러닝 스티치
Stepped Threaded Running Stitch

러닝 스티치를 그림대로 두 줄로 놓은 후 1번에서 시작해 2번 땀으로 통과한 뒤 3, 4번의 땀으로 한꺼번에 통과한 후 다시 5, 6번의 땀으로 한꺼번에 통과한다. 같은 패턴으로 계속 반복하면서 모양을 만들어준다.

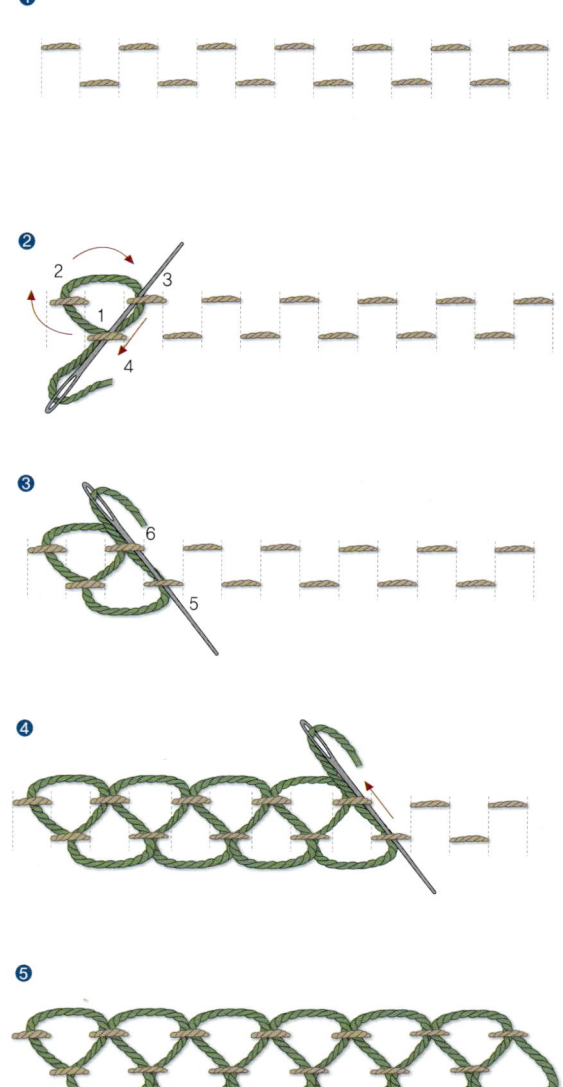

다닝 스티치
Darning Stitch

러닝 스티치를 여러 줄 놓아가며 면을 메워주는 스티치다. 땀마다 변화를 주어 여러 가지 표현을 할 수 있다. 천을 기우는 데 사용되기도 한다.

❶
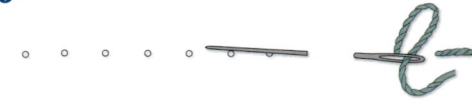

❷

❸
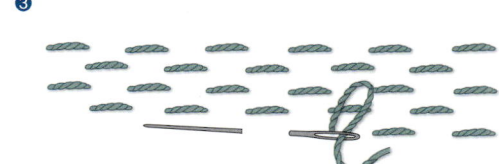

홀바인 스티치
Holbein Stitch

러닝 스티치를 해준 뒤, 다른 색 실로 땀의 사이사이를 다시 한 번 러닝 스티치로 메워준다.

❶

❷

❸

❶

❷

백 스티치
Back Stitch

한 땀 앞에서 시작하여 되돌아 나가는 스티치로 견고한 스티치입니다. 박음질이라고도 합니다.

❶
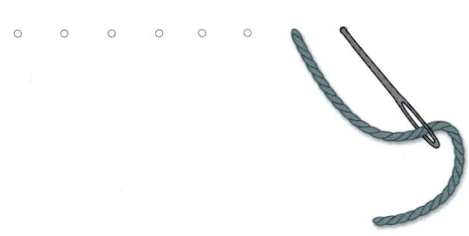

❷
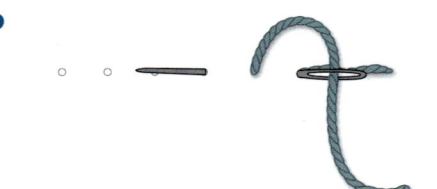

❸
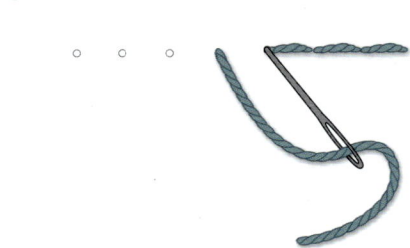

❹

스레디드 백 스티치
Threaded Back Stitch

백 스티치를 수놓은 뒤 아래에서 위쪽으로, 위쪽에서 아래로 번갈아가며 규칙적으로 땀 사이로 바늘을 통과시킨다.

❶

❷

❸
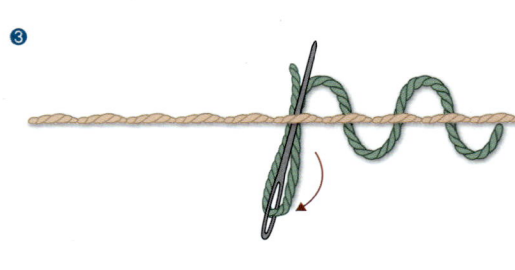

❹

휘프트 백 스티치
Whipped Back Stitch

백 스티치를 수놓은 뒤, 다른 색으로 오른쪽의 첫 땀 가운데 아래에서 실을 뺀 후 위에서 아래로 반복하여 각각의 땀으로 통과시킨다. 한 방향으로 휘감아주는 스티치다.

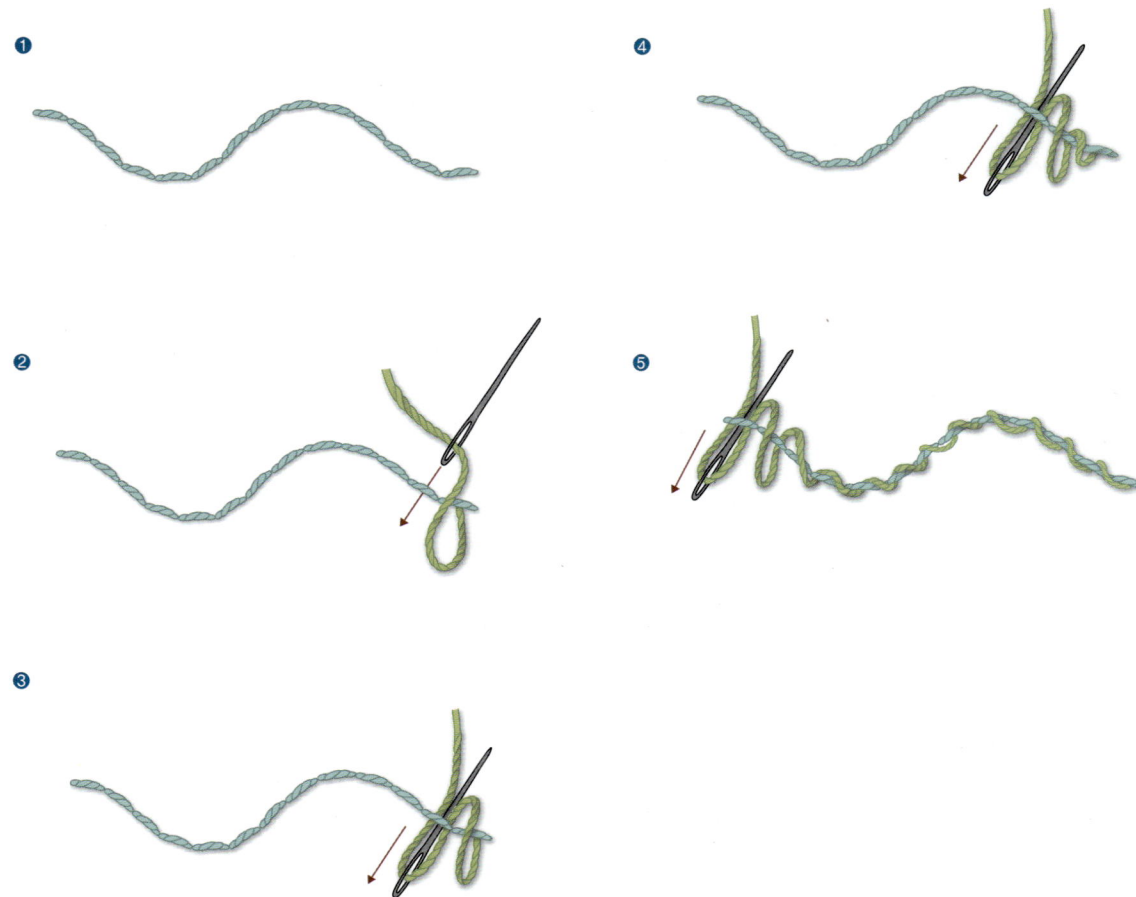

페키니즈 스티치
Pekinese Stitch

백 스티치를 놓은 뒤, 다른 색 실로 왼쪽 첫 땀의 가운데로 나와 다음 땀 아래에서 위로 통과한 뒤 다시 앞의 땀 위에서 아래로 통과한다. 이를 오른쪽으로 진행하며 반복한다.
스프링처럼 뱅글뱅글 돌린 모양의 스티치다.

❶
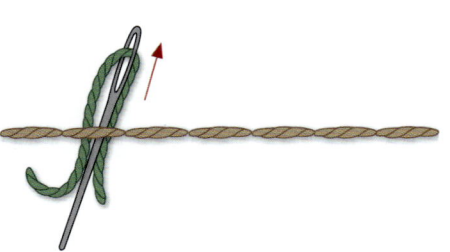

❷

❸
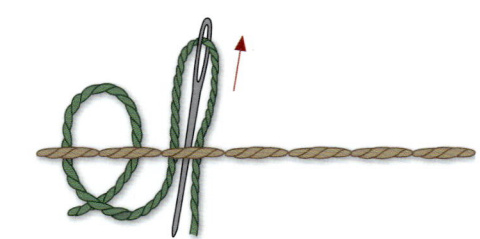

❹

❺

페키니즈 스티치의 응용

더블 페키니즈 스티치
Double Pekinese Stitch

위, 아래로 백 스티치 2줄을 같은 간격으로 놓아준 뒤, 아래 쪽 첫 땀 가운데 1에서 시작하여 위 대각선 방향 2번 땀에서 앞의 땀 3을 통과하여 아래 땀 대각선 방향 4로 통과시킨다. 다시 5에서 6번으로 통과한다. 그림의 모양대로 반복한다. 선 자수에 쓰인다.

❶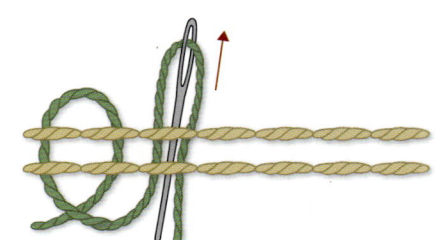

❶

❷

❷

❸

❸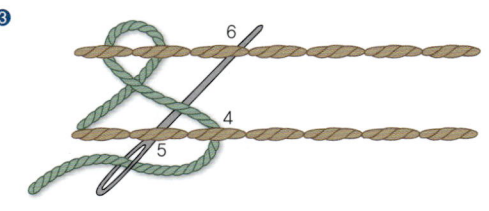

❹

아우트라인 스티치
Outline Stitch

꼬임줄 모양의 스티치로, 글자나 그림의 라인과 꽃의 줄기를 표현할 때 많이 사용하는 스티치다. 다시 앞으로 갈 때는 앞의 땀과 같은 구멍에 넣어주면 깔끔하게 표현된다. 곡선을 표현할 때는 땀의 간격을 작게 해주어야 한다.

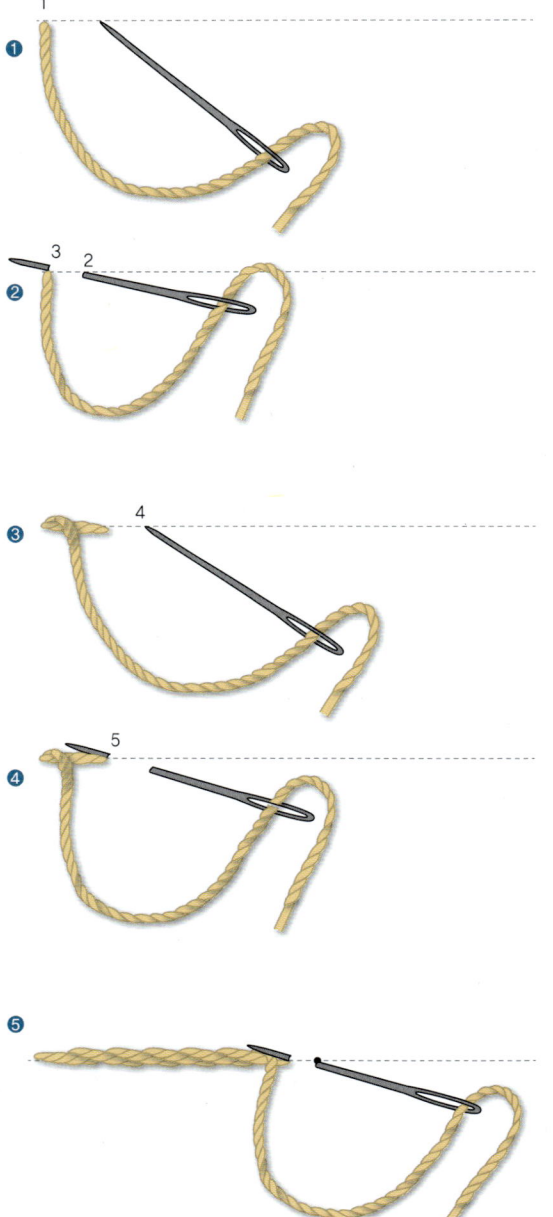

아우트라인 필링 스티치
Outline Filling Stitch

아우트라인을 이어 붙여 넓은 면을 메워주는 스티치로도 활용된다. 도안의 윤곽을 따라 아우트라인을 한 뒤 나란히 수를 놓아 메워주거나, 나선형으로 돌려가며 메워준다.
아우트라인으로 원을 만들 때 시작 땀의 가운데로 들어가야 마무리가 어색하지 않다.

❶
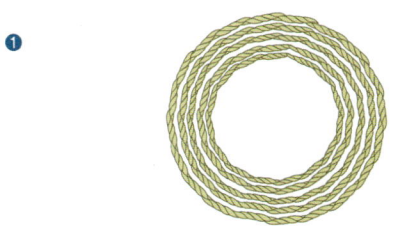

❷

❸

카우칭 스티치
Couching Stitch

실을 도안선 위에 놓고, 다른 실로 고정시켜주는 스티치다.
실을 이용하여 자유곡선 표현이 가능하다. 글자나 면 메우기, 사람의 머리카락 등에 활용된다.

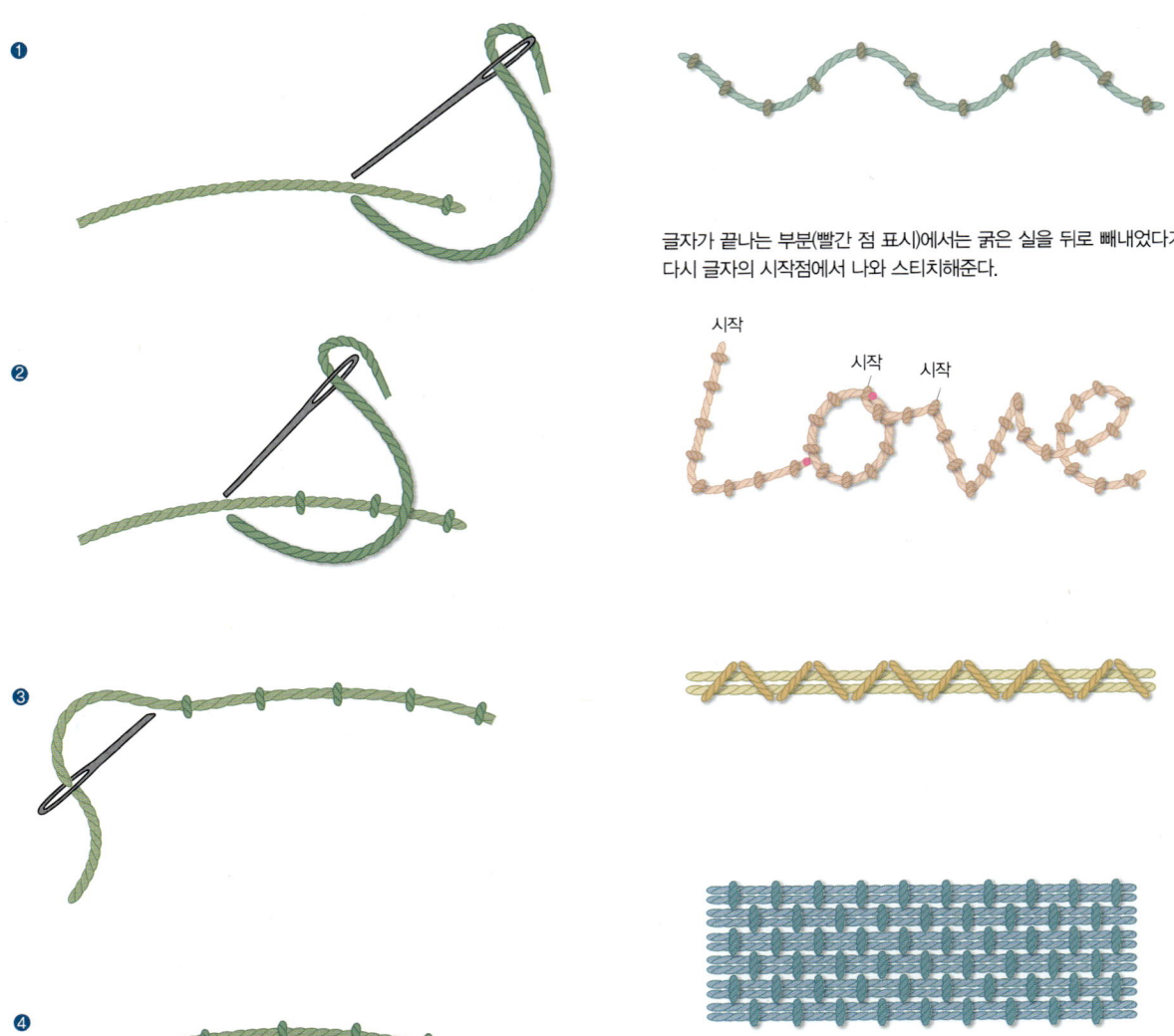

글자가 끝나는 부분(빨간 점 표시)에서는 굵은 실을 뒤로 빼내었다가
다시 글자의 시작점에서 나와 스티치해준다.

펀 스티치
Fern Stitch

위에서 아래 방향으로 진행하면서 그림과 같은 순서대로 반복한다. 잎사귀 모양을 표현하거나 테두리에 선 자수를 할 때 사용한다.

❶
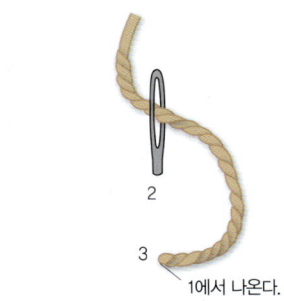

❷
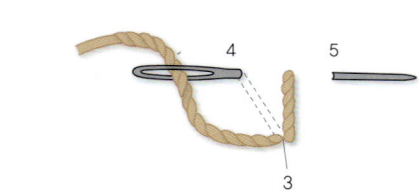

❸

❹

플라이 스티치
Fly Stitch

플라이 스티치는 잎사귀나 줄기, 나뭇가지를 표현하는 데 사용되며, 다양한 응용으로 많이 활용된다. V를 걸어가며 밑으로 반복해준다.

❶

❷

❸

❹

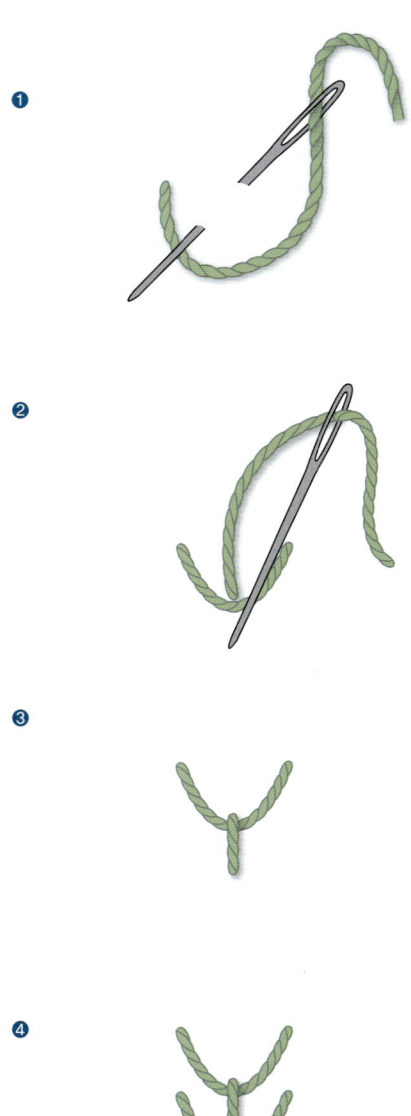

플라이 스티치의 활용

플라이 스티치를 옆으로 늘어놓거나, 원 모양으로 해주어 레이스처럼 표현할 수 있다.

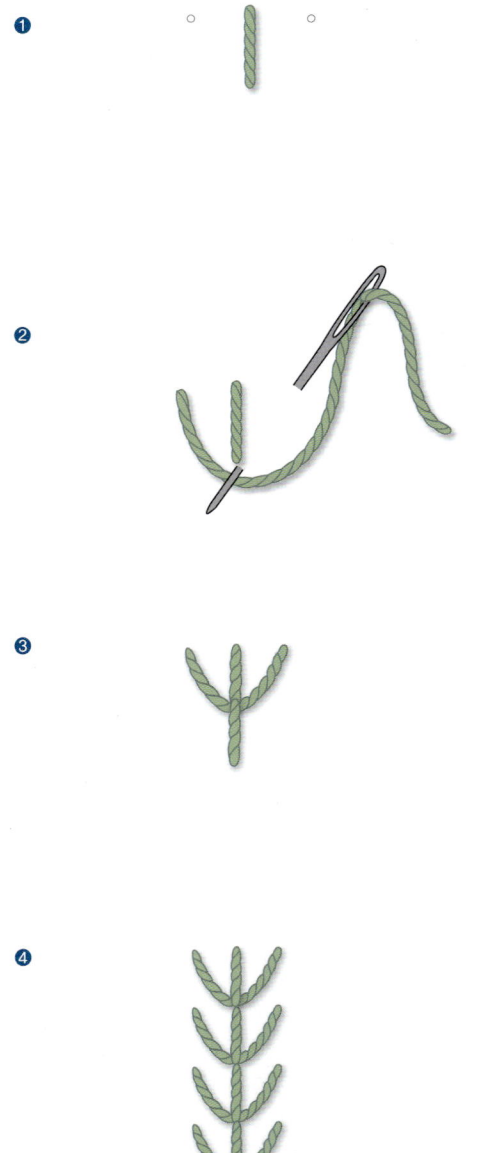

스트레이트 스티치
Straight Stitch

한 땀으로 수놓는 스티치다. 직선의 땀을 이용하여 여러 가지 모양을 표현할 수 있다.

❶

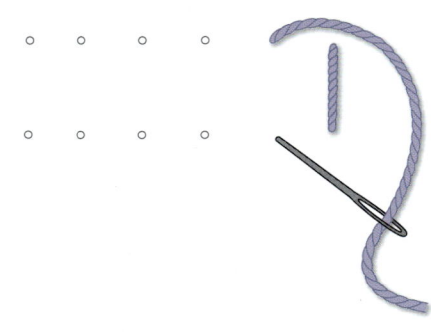

❷

❸

밀 플라워 스티치
Mill Flower Stitch

스트레이트 스티치를 이용하여 꽃을 표현하는 방법이다. 방향대로 진행해서 수를 놓아도 되고, 등분을 하여 사이를 메우면서 하면 규칙적으로 예쁘게 표현할 수 있다.

❶

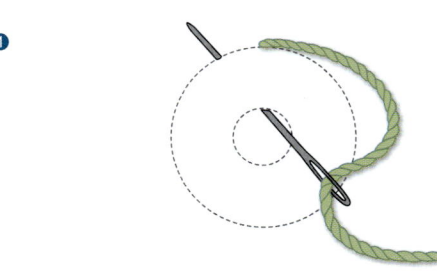

❷

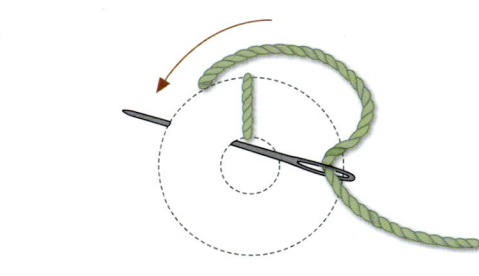

❸

크로스 스티치
Cross Stitch

X자 모양으로 놓는 스티치다. 단독으로 쓰거나 반복해서 수를 놓아 사용한다. 십자수로 널리 사용되고 있다.

방법 1

❶

❷

❸

❹

방법 2

❶

❷

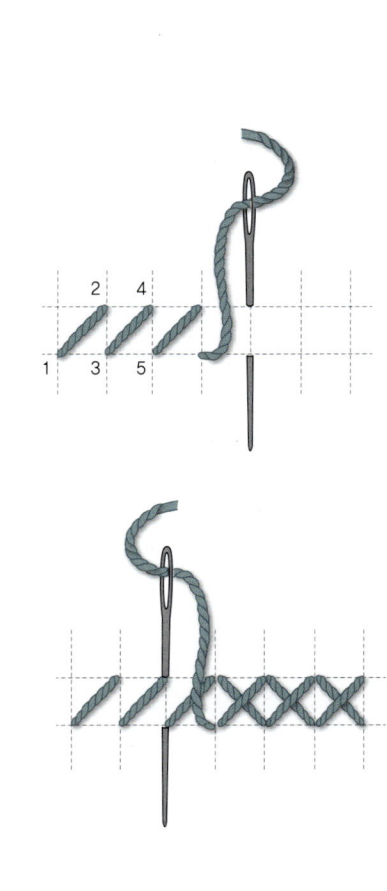

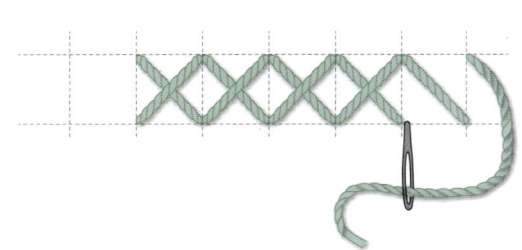

더블 크로스 스티치
Double Cross Stitch

X자 모양으로 수를 놓은 뒤 십자가 형태로 겹쳐서 한 번 더 수를 놓는다.

시드 스티치
Seed Stitch

씨와 모양과 같은 작은 바늘땀으로 수놓는 방법으로 규칙적 방향이나, 불규칙한 방향 등 자유롭게 사용하며 넓은 면을 메운다. 직선으로 할 때는 한 땀씩 되돌아가며 반박음질로 스티치한다.

❶

❷

❸

❹

❺

아일릿 스티치
Eyelet Stitch

아일릿은 천의 작은 구멍이라는 뜻으로, 스트레이트로 중앙부터 방사형으로 주변을 메워가며 가운데 구멍이 생기도록 잡아당기면서 수를 놓는 스티치다.

그라니토스 스티치
Granitos Stitch

도톰한 느낌의 작은 꽃잎이나 잎사귀를 표현하는 데 쓰인다. 1에서 빼서 2로 넣는 작업을 반복하면서 첫 땀은 가운데, 나머지 땀은 한 번은 왼쪽으로, 한 번은 오른쪽으로 양쪽에 손끝으로 밀어 나란히 붙인다. 보통 3번이나 5번 정도로 수를 놓는다.

새틴 스티치
Satin Stitch

스트레이트로 나란히 면을 메우는 스티치다. 중앙에서부터 균형을 맞추면 좀 더 깔끔하게 결을 메울 수 있다. 위쪽 먼저 해주고, 다시 중앙으로 와서 아래쪽으로 해준다. 사선으로 할 때도 끝에서 하는 것보다 중앙에서부터 시작하는 게 결의 방향을 잡기 쉽다.

일자로 하기

❶
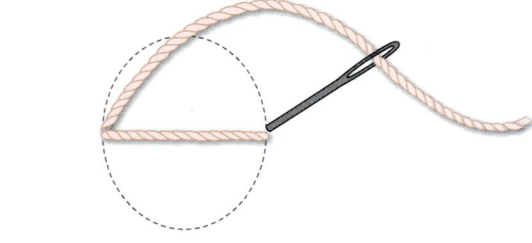

❷

❸
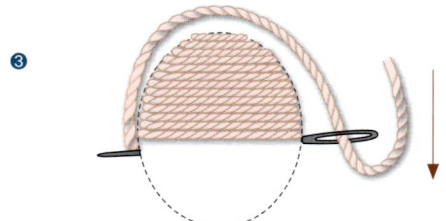

사선으로 하기

새틴 스티치 다트
Satin Stitch Dart

화이트 스티치의 대표적인 자수이다. 그림 안쪽에 심이 들어가서 입체감이 사는 새틴 스티치의 방법이다. 외곽선을 러닝 스티치나 백 스티치로 경계를 정해준 뒤 안쪽에 아웃라인 스티치나 다닝 스티치로 입체감 있게 꽉 채워준 다음, 그 위에 새틴 스티치를 해주어 가운데 부분을 볼륨감 있게 표현하는 스티치다. 큰 모티브나 글씨를 수놓을 때 활용된다.

❶

❷
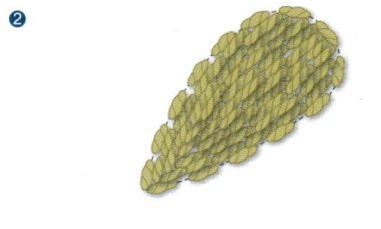

❸

패디드 새틴 스티치
Padded Satin Stitch

꽃잎이나 잎사귀 등의 작은 모티브를 볼록하게 부풀어 올라오도록 수놓는 방법으로 그림의 라인을 러닝 스티치나 백 스티치로 경계를 정한 뒤, 안쪽을 다닝 스티치로 메워준다. 평평하게 되도록 새틴 스티치를 해준다.

❶

❷

❸

롱 앤드 쇼트 스티치
Long and Short Stitch

넓은 면을 메우는 스티치로 꽃잎과 같은 방사형의 모양에 많이 쓰인다. 단을 바꿔줄 때마다 색을 바꾸어주면 그러데이션 효과를 볼 수도 있다. 맨 위 단은 바늘땀의 길이를 길고 짧게 반복하여 수놓아주고, 다음 단부터는 일정한 길이로 수놓는다. 그림의 방향대로 가이드 선을 그어놓으면 더 자연스러운 결을 만들 수 있다.

❶
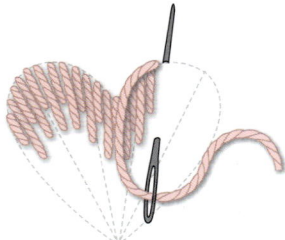

❷
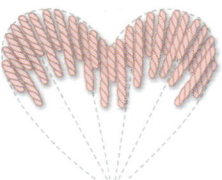

❸
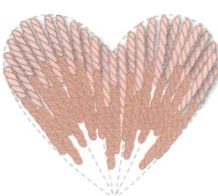

❹
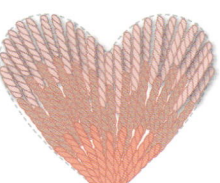

프리 스티치
Free Stitch

자유로운 모티브의 넓은 면을 연필로 그리듯 자유롭게 스트레이트 스티치로 자유롭게 면을 메우는 스티치다. 롱 앤드 쇼트 스티치와 마찬가지로 가이드라인을 그려놓고 하면 자연스러운 결을 표현할 수 있다.

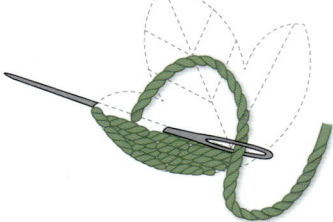

레이지 데이지 스티치
Lazy Daisy Stitch

작은 꽃잎이나 잎사귀를 표현할 때 많이 쓰이는 스티치다. 땀의 길이를 짧고 길게 표현하며 다양한 모양을 만들 수 있으며, 개수를 달리하여 여러 가지 꽃 모양을 표현한다. 1번으로 나와 2번으로 들어갈 때는 같은 구멍으로 들어가면 깔끔하다.

더블 레이지 데이지 스티치
Double Lazy Daisy Stitch

큰 레이지 데이지 안에 작은 레이지 데이지를 넣어 큰 꽃이나 잎사귀를 표현할 때 사용한다. 바깥 레이지 데이지와 안쪽 레이지 데이지 색을 달리하면 더 풍성한 색감을 낼 수 있다.

❶

❷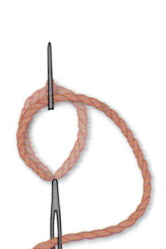

❸

❹

러시안 체인 스티치
Russian Chain Stitch

두 개의 레이지 데이지를 하나로 엮어 삼각형 구도의 형태를 만드는 스티치다. 꽃을 표현하거나 장식용으로 쓰인다.

❶

❷

❸

❹

링 스티치
Ring Stitch

작은 고리 형태의 스티치로 띄워진 둥근 고리를 살짝 고정시켜 작은 입체의 꽃을 표현하거나 응용하여 사용한다.

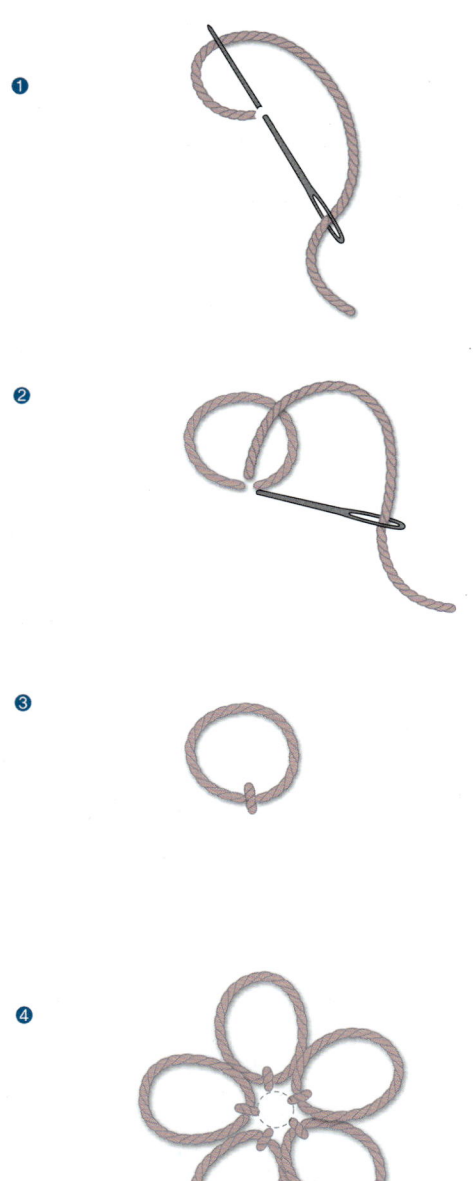

프렌치 노트 스티치
French Knot Stitch

노트는 매듭이란 뜻으로 작은 씨앗 모양의 스티치다. 씨앗수라고도 한다. 작은 꽃이나, 수술, 열매를 표현할 때, 면을 메울 때도 쓰인다. 가닥수나 감는 횟수에 따라 크기를 조절할 수 있다.
보통 2~3번 감는다. 감은 실을 잘 정리해준 뒤 바늘을 빼낸다.

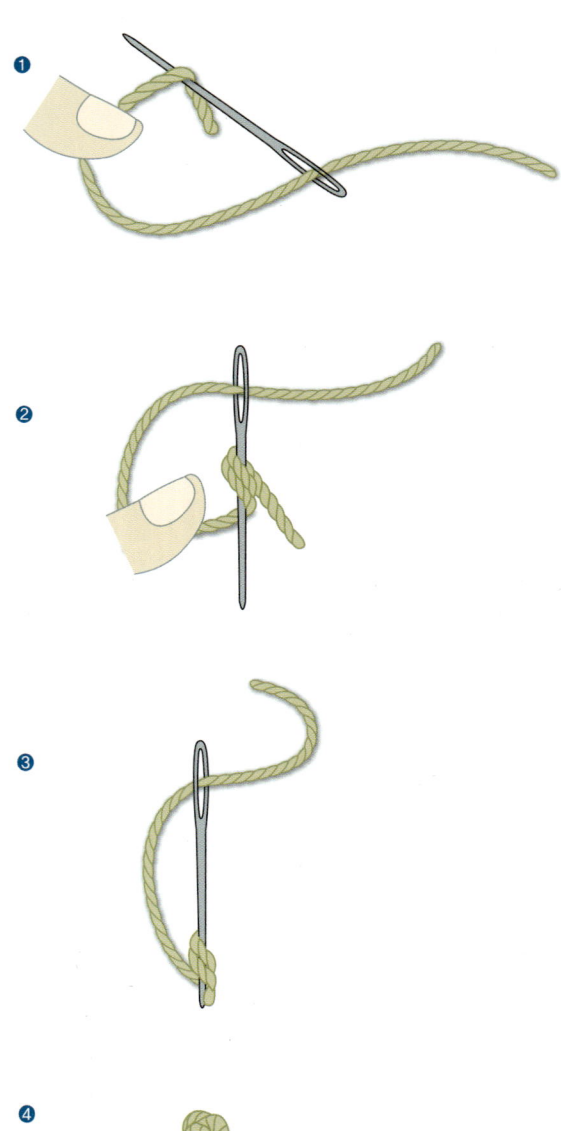

콜로니얼 노트 스티치
Colonial Knot Stitch

모양은 프렌치 노트 스티치와 같은 형태의 스티치로 8자로 감아 매듭을 만들어주는 방법의 스티치다.

❶
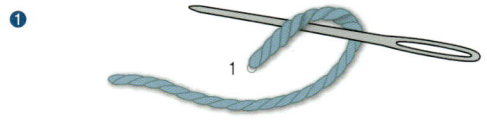

❷

❸
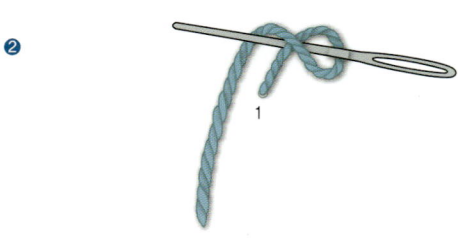

❹

피스틸 스티치
Pistil Stitch

프렌치 노트 스티치와 스트레이트 스티치가 결합된 스티치. 프렌치 노트 스티치와 같은 방법으로 하되, 첫 번째 구멍에서 조금 떨어진 곳에 바늘을 꽂아 마무리한다.

❶
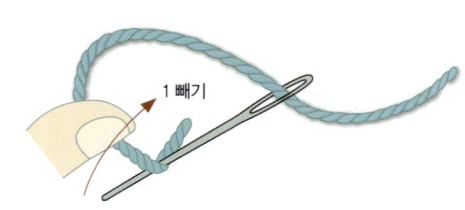

❷
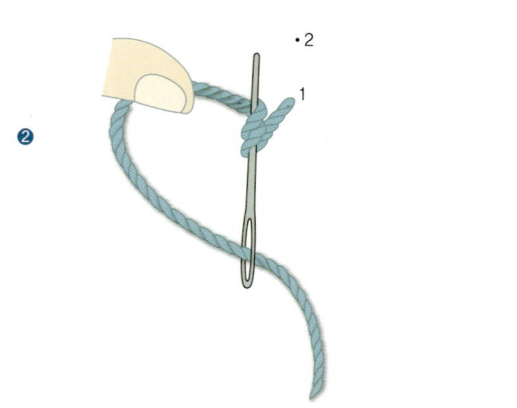

❸

❹

저먼 노트 스티치
German Knot Stitch

장식 매듭의 모양으로 수놓는 방법이다.

❶

❷

❸

❹

케이블 스티치
Cable Stitch

굵은 밧줄이란 뜻으로 저먼 노트를 연속으로 이어가며 수를 놓는 방법이다. 입체적인 선 자수로 쓰이며 팔레스티나 스티치라고도 한다.

❶ 1 빼기, 3 빼기, 2 넣기

❷ 통과시킨다. 4 넣기, 3

❸ 한 번 더 통과시킨다.

❹

❺

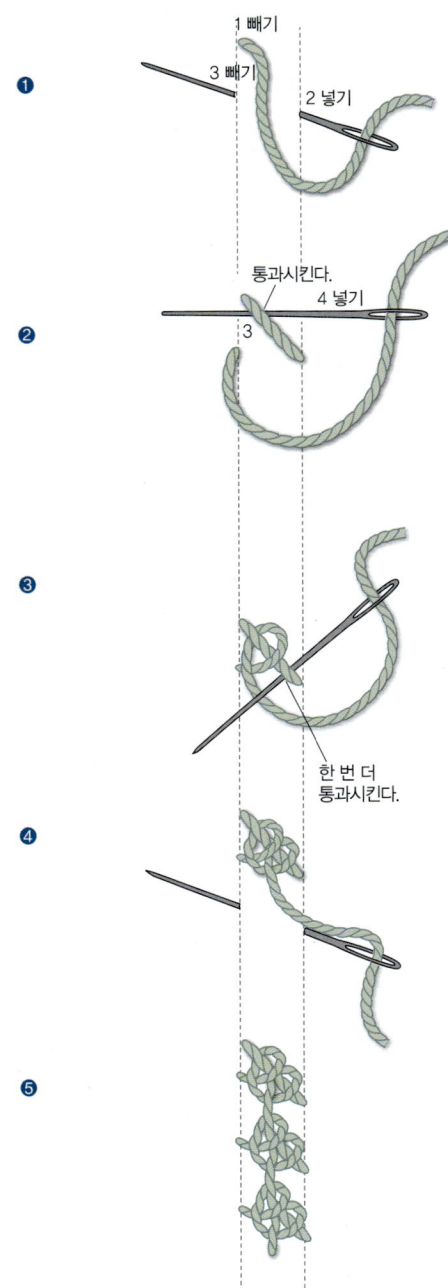

여러 가지 케이블 스티치

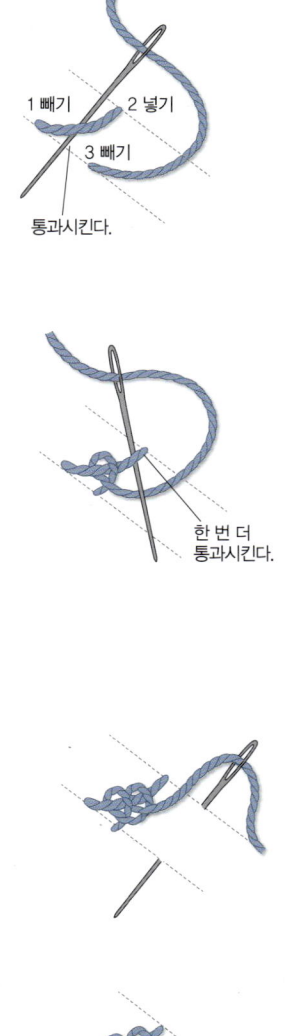
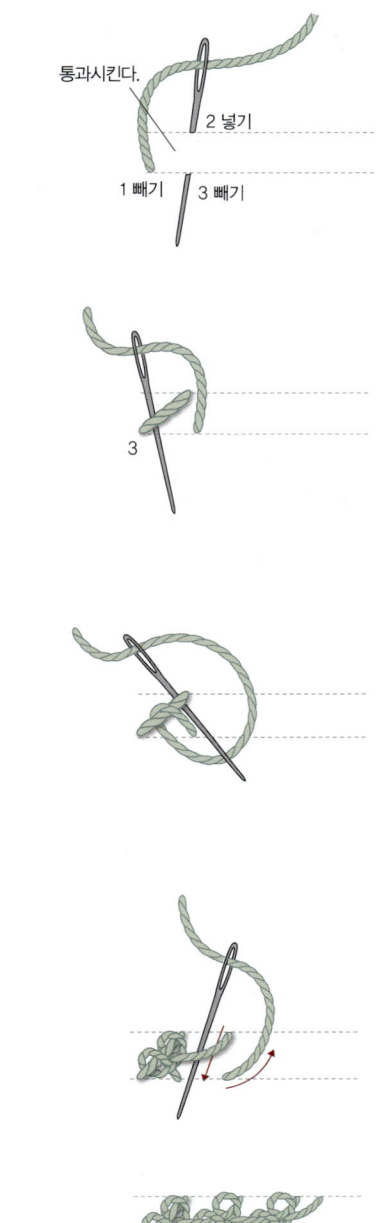

체인 스티치
Chain Stitch

사슬 모양의 스티치로 작은 고리를 계속 연결하며 수를 놓는다. 선을 표현하거나, 면을 메우기도 한다.

❶

❷

❸

휘프트 체인 스티치
Whipped Chain Stitch

체인 스티치를 한 다음, 다른 색의 실로 휘감아 선을 표현하는 데 쓰이는 스티치다. 꼬임 선을 예쁘게 표현해준다.

❶

❷

❸

All About Stitch

체커드 체인 스티치
Chequered Chain Stitch

체커드는 바둑판 무늬라는 뜻으로, 두 가지 색이 교차되는 체인 스티치다. 바늘에 두 색을 걸어 각각의 색을 걸어가며 수를 놓는다. 매직 스티치라고도 한다.

❶
❷
❸

지그재그 체인 스티치
Zigzag Chain Stitch

지그재그 모양으로 라인을 따라 체인 스티치를 놓는다.

❶

❷
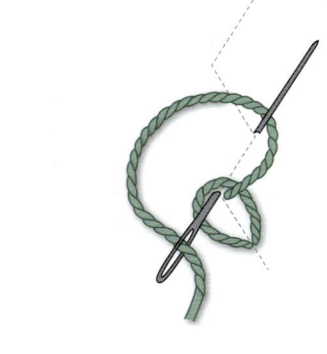

❸

백 스티치드 체인 스티치
Back Stitched Chain Stitch

체인 스티치를 놓아준 다음, 다른 색실로 고리 사이사이로 한 칸에 걸쳐서 백 스티치를 놓아준다.

스레디드 체인 스티치
Threaded Chain Stitch

체인 스티치를 놓아준 뒤 다른 색실로 지그재그로 통과시켜 수를 놓는다.

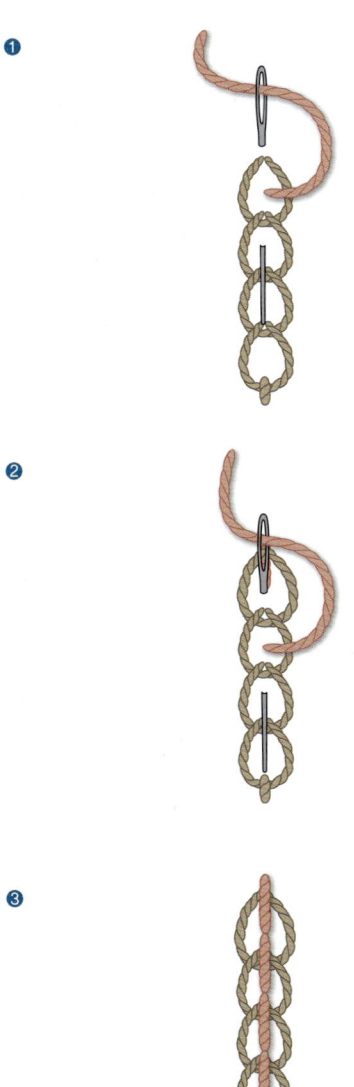

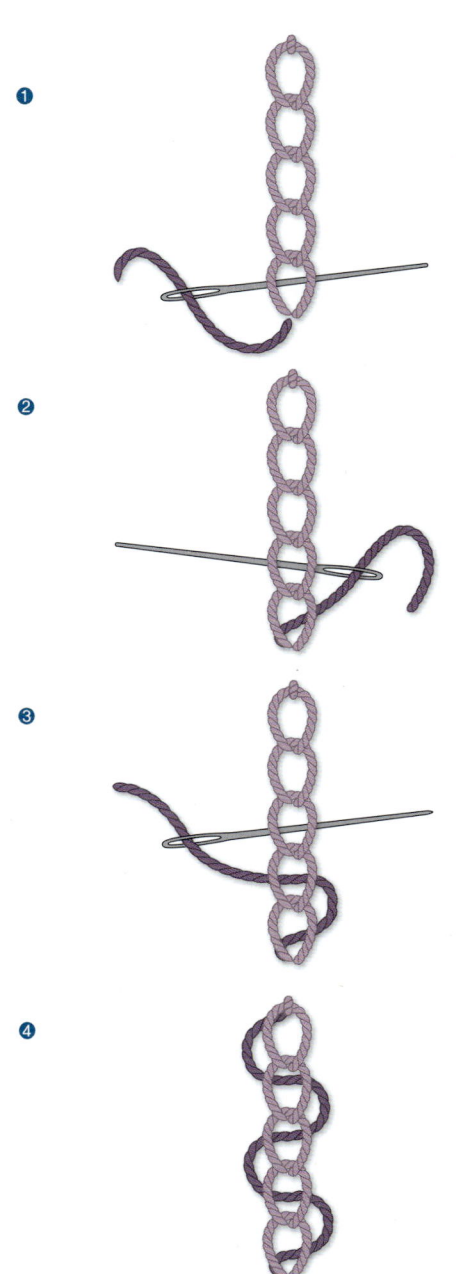

더블 체인 스티치
Double Chain Stitch

이중사슬 모양으로 좌우 교대로 떠올리며 수를 놓는다. 플라이 스티치를 왔다 갔다 반복한 모양이다.

❶
❷
❸
❹

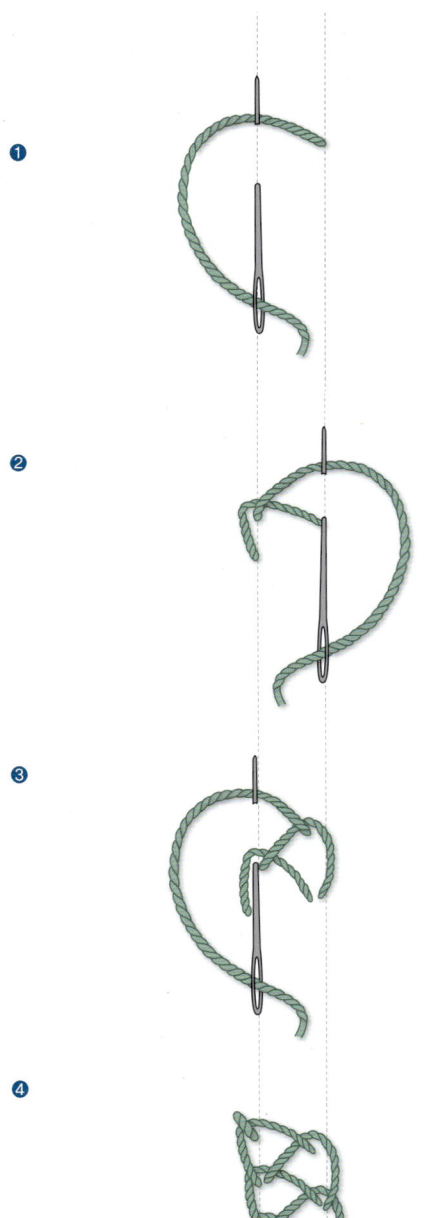

케이블 체인 스티치
Cable Chain Stitch

사슬 모양의 체인 스티치다. 실을 한 번 감아 사슬의 고리를 만들어 연속해서 수를 놓는다.

❶
❷
❸
❹

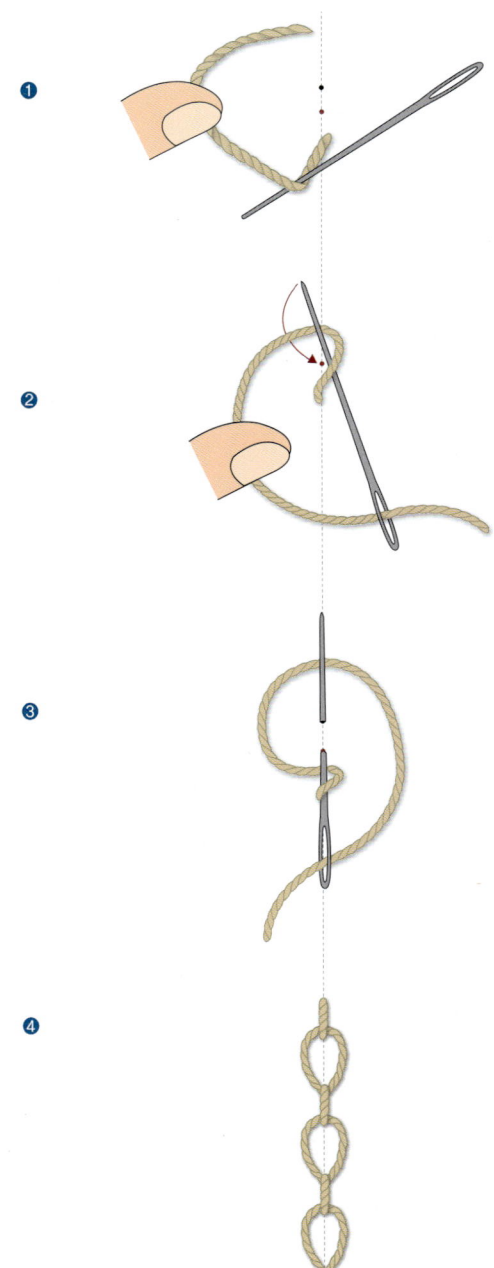

브로드 체인 스티치
Broad Chain Stitch

한 땀을 수놓은 뒤, 한 땀 아래에서 나와 고리에 걸어 거꾸로 하는 체인의 형태이다.

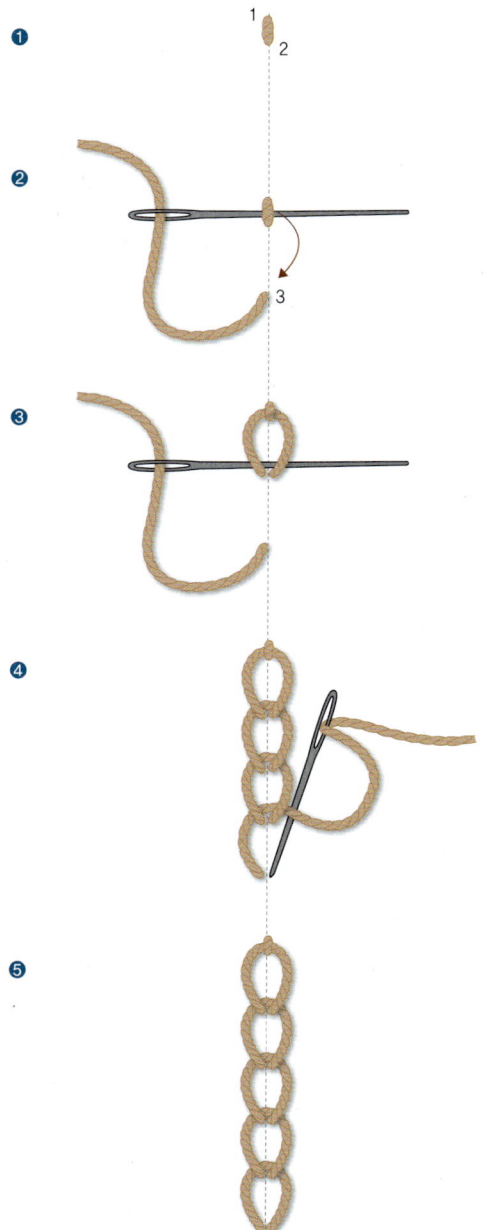

헝가리안 브레이디드 체인 스티치
Hungarian Braided Chain Stitch

브로드 체인 스티치의 응용으로 도톰하고 입체적인 선을 표현한다.

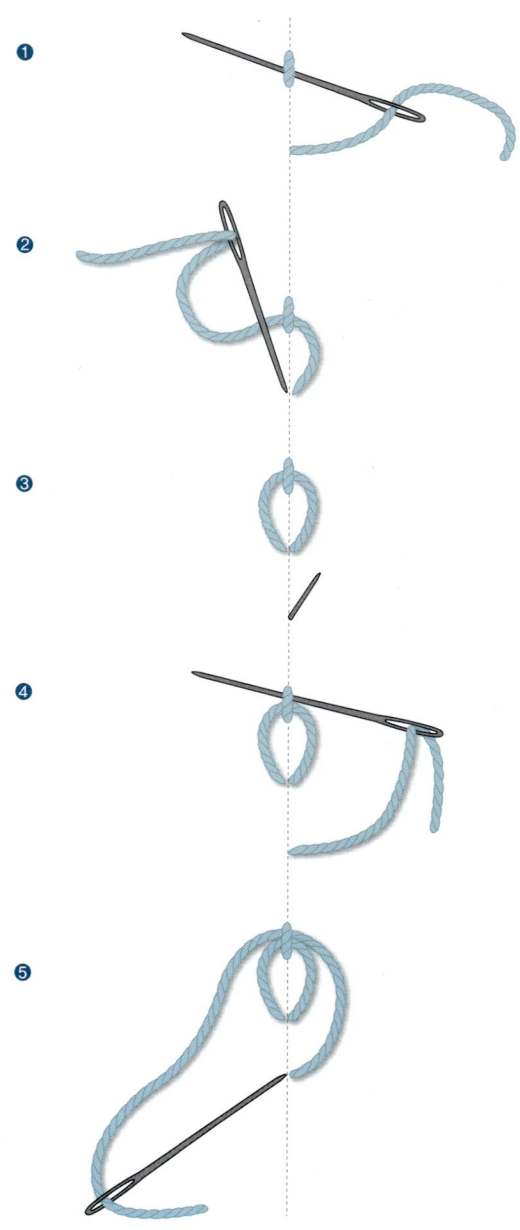

All About Stitch

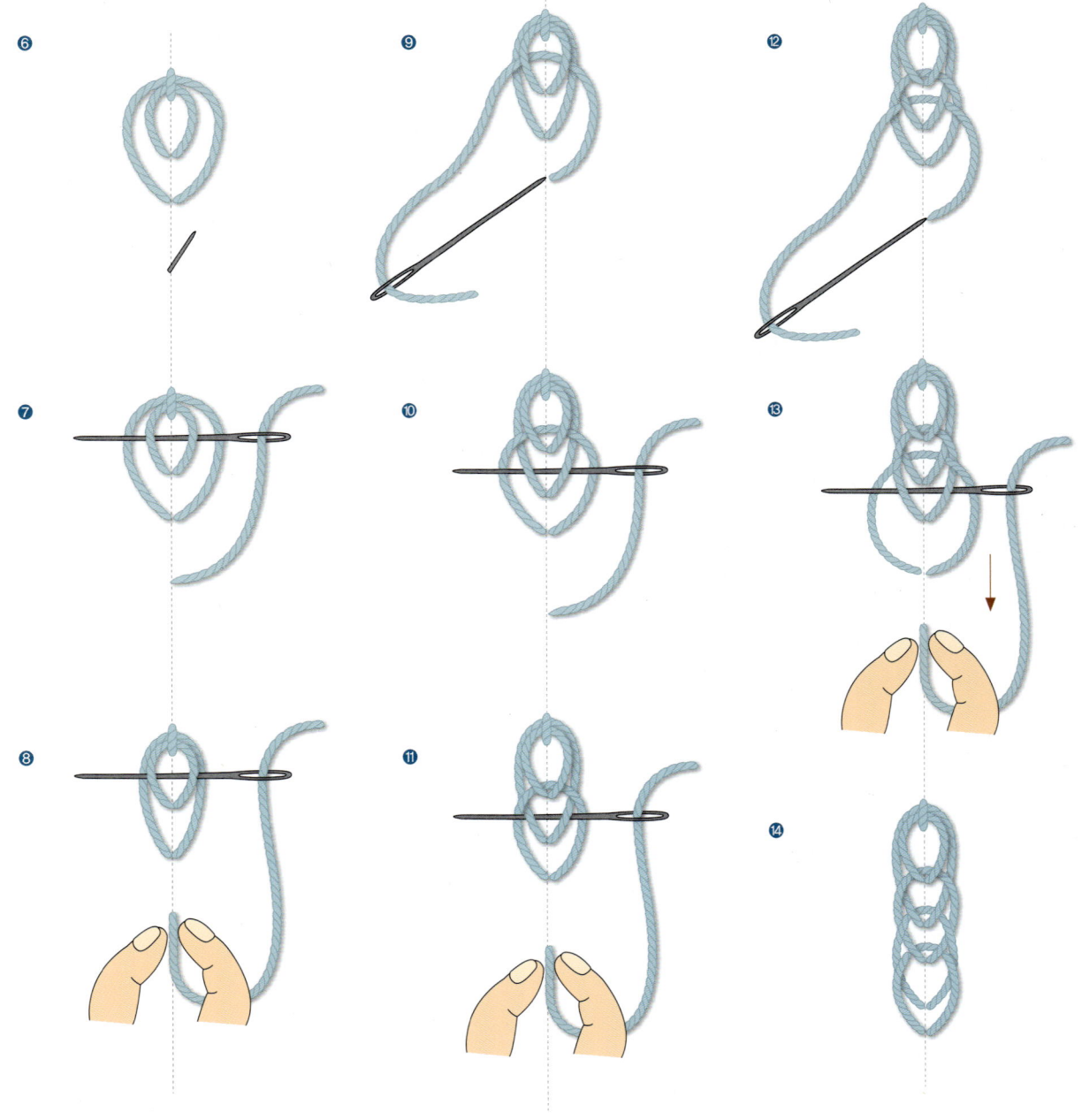

스플릿 백 스티치
Split Back Stitch

스플릿은 '절개하다'라는 뜻으로 중앙을 갈라놓는 스티치다. 러프한 선을 표현할 때 쓰인다. 외곽 라인이나 촘촘한 면을 메울 때도 쓰인다.

스플릿 스티치
Split Stitch

두 가지 실을 함께 바늘에 끼워 중앙을 갈라 위로 살짝 떠주어 좌우의 실이 다른 색으로 표현된다.

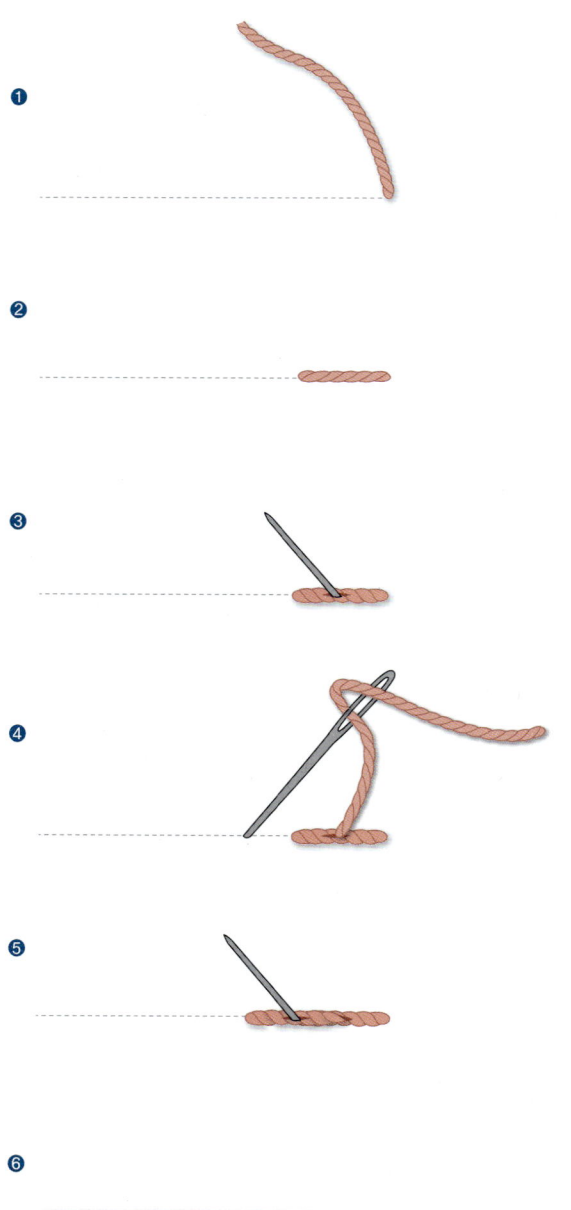

All About Stitch

휘티어 스티치
Wheatear Stitch

밀 이삭을 닮은 스티치로 V를 만들어 V의 밑으로 실을 걸어 고리를 만들어준다. 이 과정을 반복하는 스티치다.

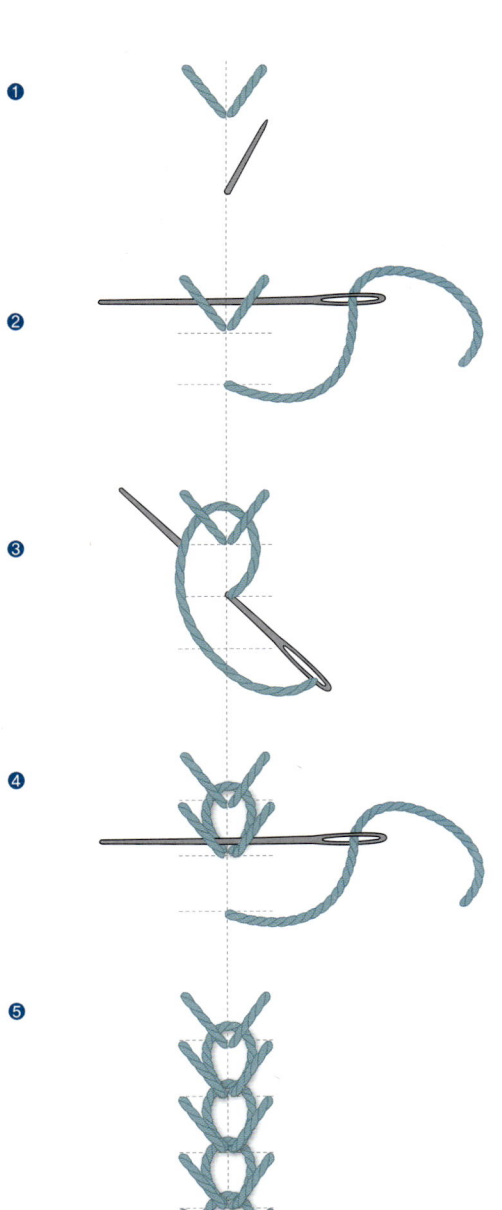

브로큰 체인 스티치 (하트 체인 스티치)
Broken Chain Stitch

Broken(브로큰)은 '깨진'이란 뜻으로 체인 스티치가 열려 있는 모양의 스티치다. 마주 보도록 수를 놓으면 하트 모양이 만들어져 하트 체인 스티치라고도 한다.

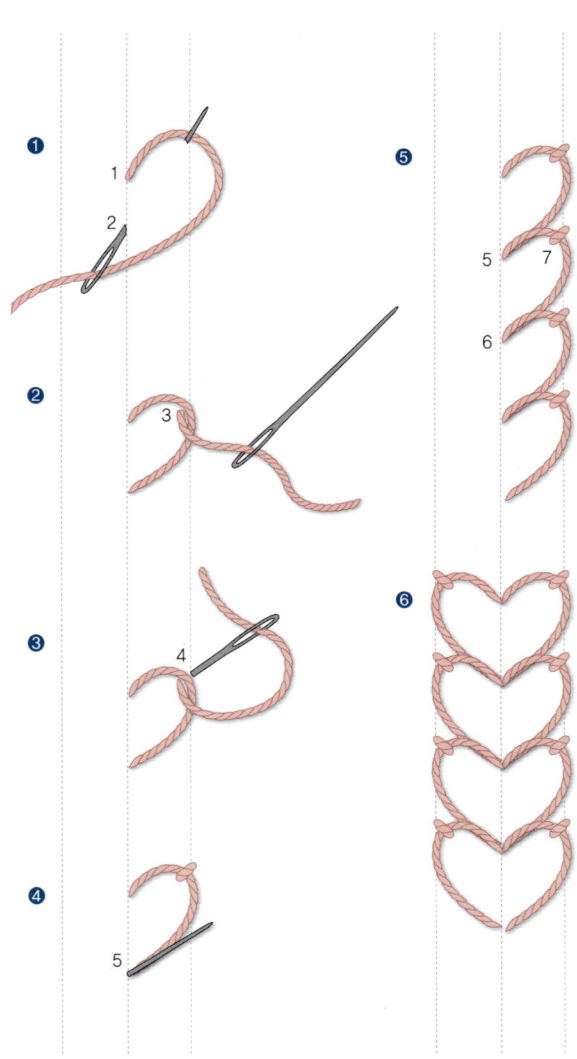

53

페더 스티치
Feather Stitch

'깃털 모양' 자수로 좌우로 번갈아가며 플라이 스티치를 놓아주는 형태다. 장식 선이나 나뭇가지, 줄기의 표현으로 쓰인다. 네 줄의 세로 선을 그어 수를 놓는다.

더블 페더 스티치
Double Feather Stitch

페더 스티치의 응용으로 교대로 두 번씩 반복하여 내려오면서 수를 놓는다. 다섯 줄의 세로 선을 그어 수를 놓는다.

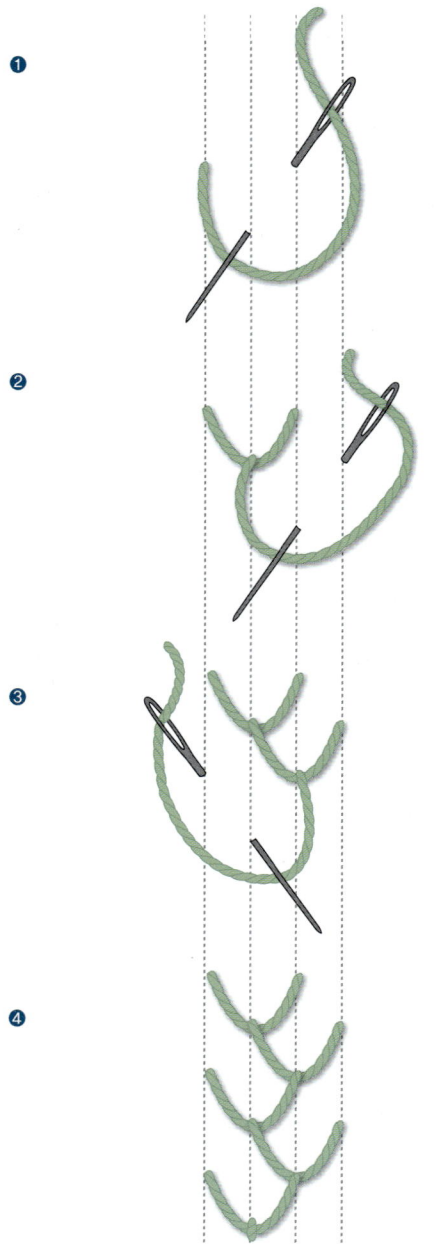

클로즈드 페더 스티치
Closed Feather Stitch

'올이 촘촘하다'는 뜻으로 닫힌 모양의 페더 스티치 모양이다.

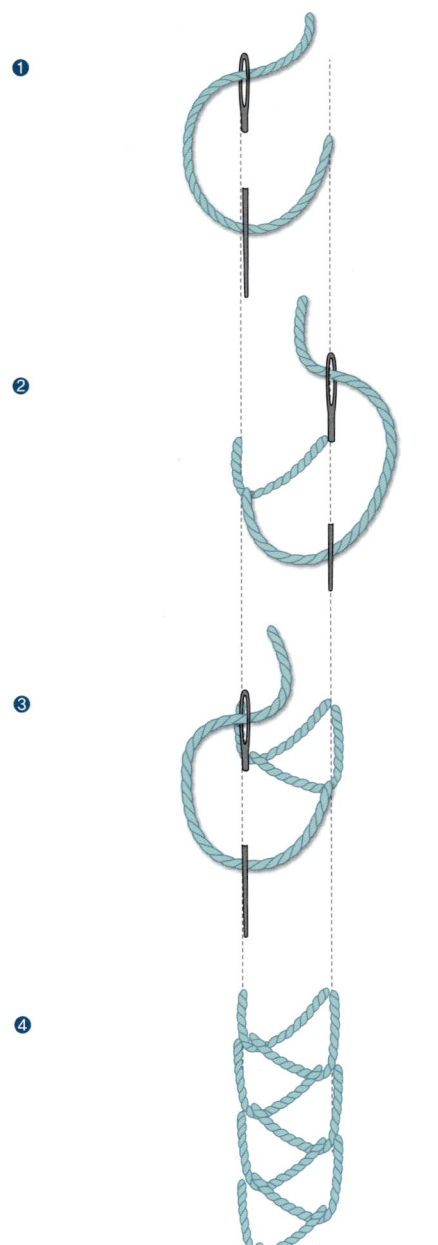

오픈 크레탄 스티치
Open Cretan Stitch

폭이 넓은 선 자수에 장식용으로 사용된다.

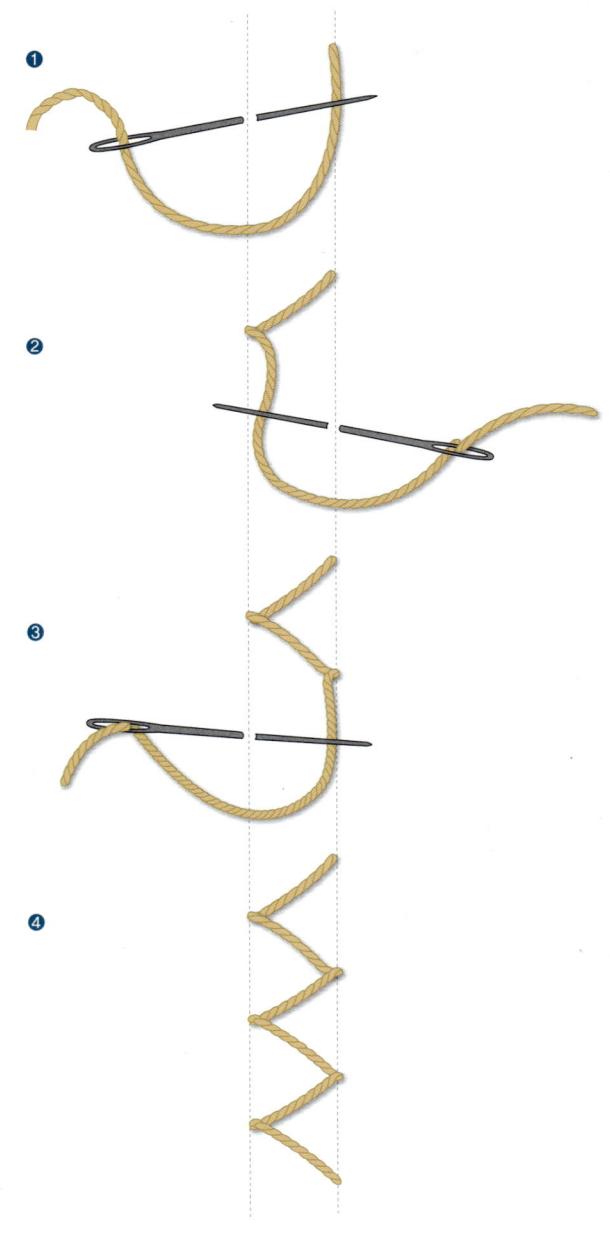

버튼홀 스티치
Buttonhole Stitch

단춧구멍을 만들거나, 천의 가장자리나 아플리케에 쓰이는 기법이다. 직각이 되도록 규칙적으로 수를 놓는다. 손수건이나 블랭킷의 마감 장식으로도 쓰인다.

더블 버튼홀 스티치
Double Buttonhole Stitch

윗면에 버튼홀 스티치를 한 다음, 아래쪽에서도 사이마다 교차하며 수를 놓아준다.

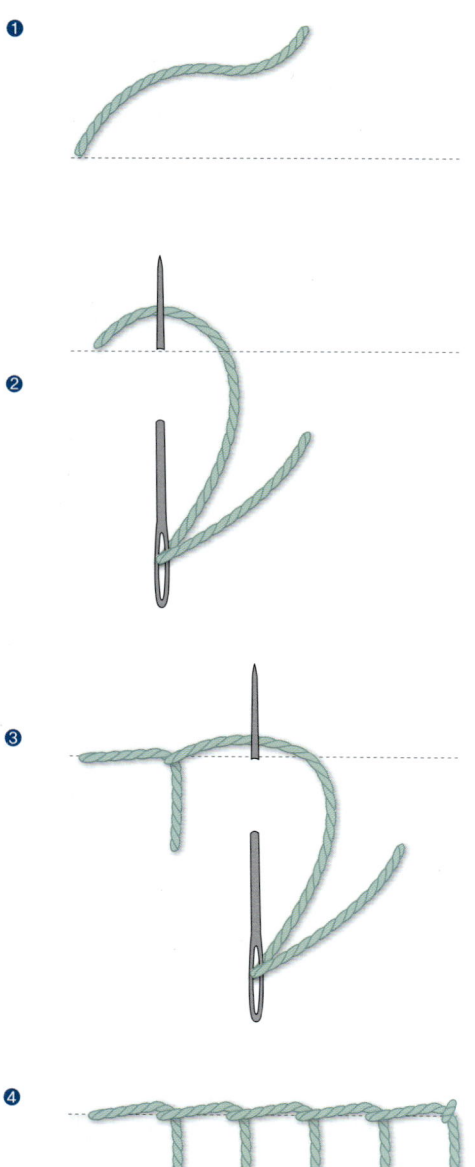
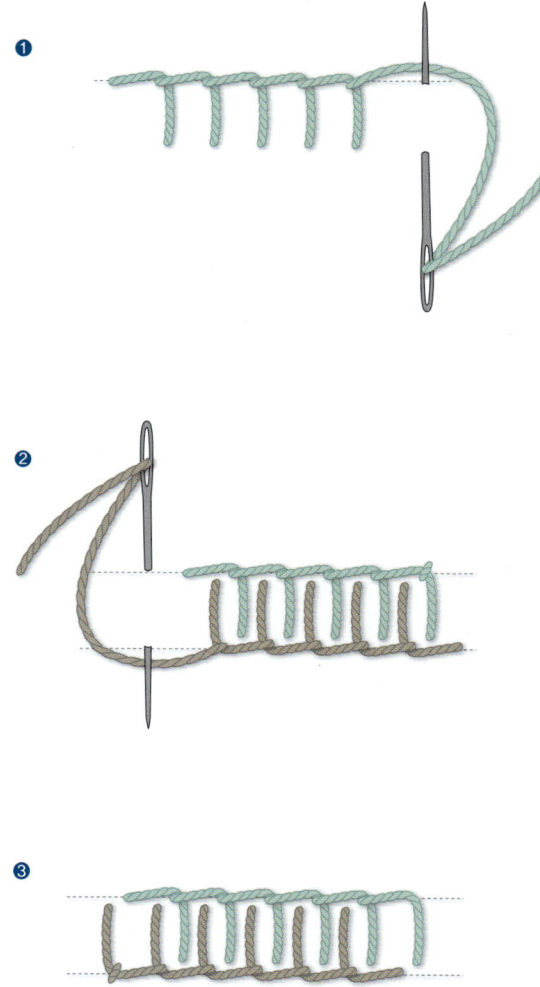

클로즈드 버튼홀 스티치
Closed Buttonhole Stitch

버튼홀 스티치의 땀 몇 개를 한곳에 모아주어 삼각형의 형태로 장식하는 기법이다. 선 자수나 천의 가장자리 마감을 하는 기법으로 쓰인다.

❶
❷
❸
❹
❺

쉐이프드 버튼홀 스티치
Shaped Buttonhole Stitch

선을 따라 러닝 스티치를 한 뒤, 버튼홀 스티치로 촘촘하게 덮어 약간 입체적으로 보인다. 일정한 간격으로 촘촘히 놓아야 깔끔하다. 천을 잘라내도 풀리지 않는다.

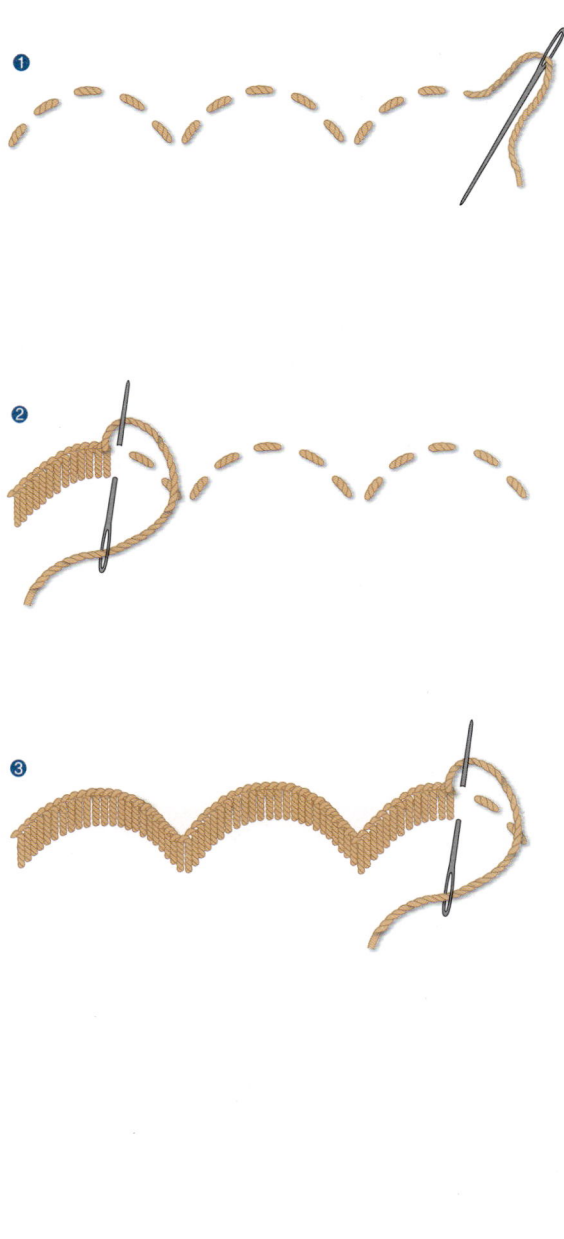

❶
❷
❸

서클 버튼홀 스티치
Circle Buttonhole Stitch

바퀴 모양의 형태로 바깥쪽에서 중심으로 방사형으로 돌려가며 수를 놓는다.

❶
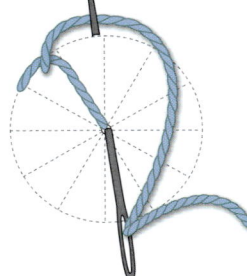

❷
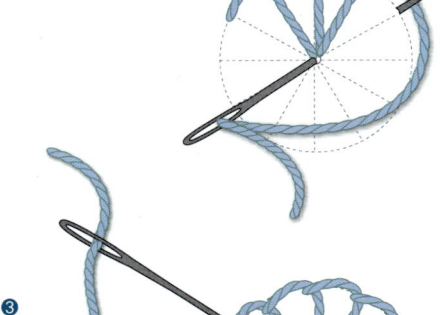

❸

❹

하프 서클 버튼홀 스티치
Half Circle Buttonhole Stitch

서클 버튼홀을 반만 수놓는 방식이다. 옆으로 연결하여, 레이스를 표현한 듯한 선 장식으로도 쓰인다.

❶
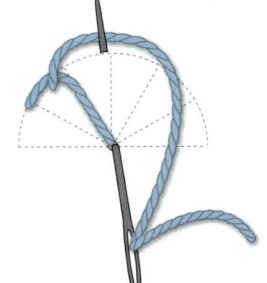

❷
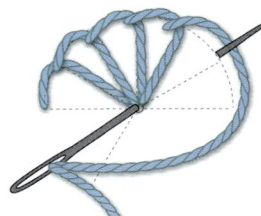

❸
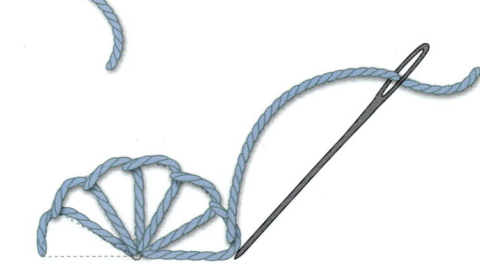

❹

❺

스파이더 웹 로즈 스티치
Spider Web rose stitch

홀수인 5개, 7개의 선을 심은 뒤, 한 칸씩 건너 실을 심 밑으로 통과하여 돌려가며 감아주는 방식의 스티치다.
느슨하게 감아주면 더 자연스런 꽃을 표현할 수 있다. 실의 두께와 질감에 따라 다양한 느낌이 된다.

휘프트 스파이더 스티치
Whipped spider stitch

짝수인 6개, 8개의 선을 심은 뒤, 가운데서 나와 한 칸 뒤로 돌려 앞으로 2칸을 통과하며 돌려 감아주는 스티치다. 도톰한 느낌의 꽃 자수다.

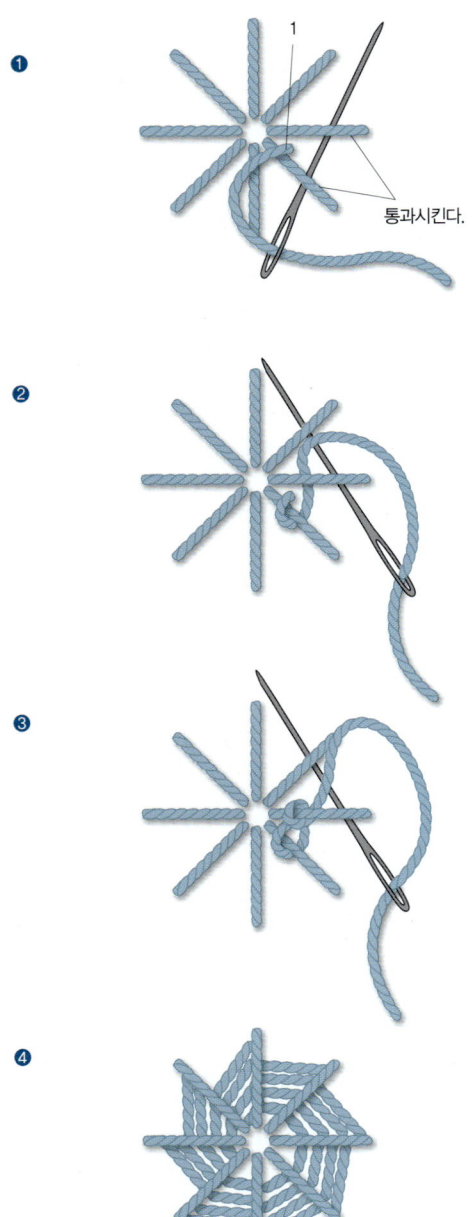

블리온 스티치
Bullion Stitch

바늘에 실을 돌려 감아 입체적인 꽃이나 장미를 표현하는 데 쓰인다. 바늘의 굵기에 따라 볼륨감이 달라진다. 블리온 전용 바늘을 사용하면 더욱 손쉽게 스티치할 수 있다.

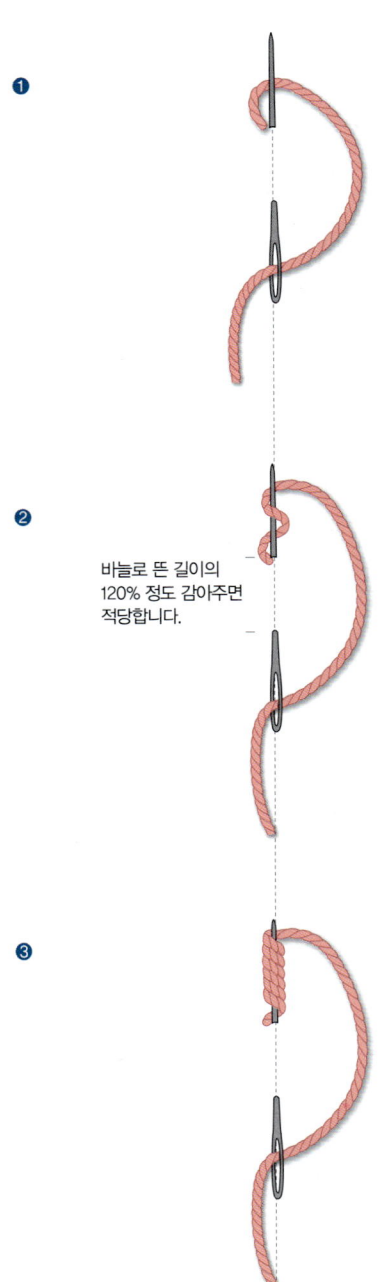

블리온 노트 스티치
Bullion Knot Stitch

블리온을 응용한 스티치로, 작은 매듭을 만들어주거나 작은 입체 꽃을 표현할 때 쓰인다.

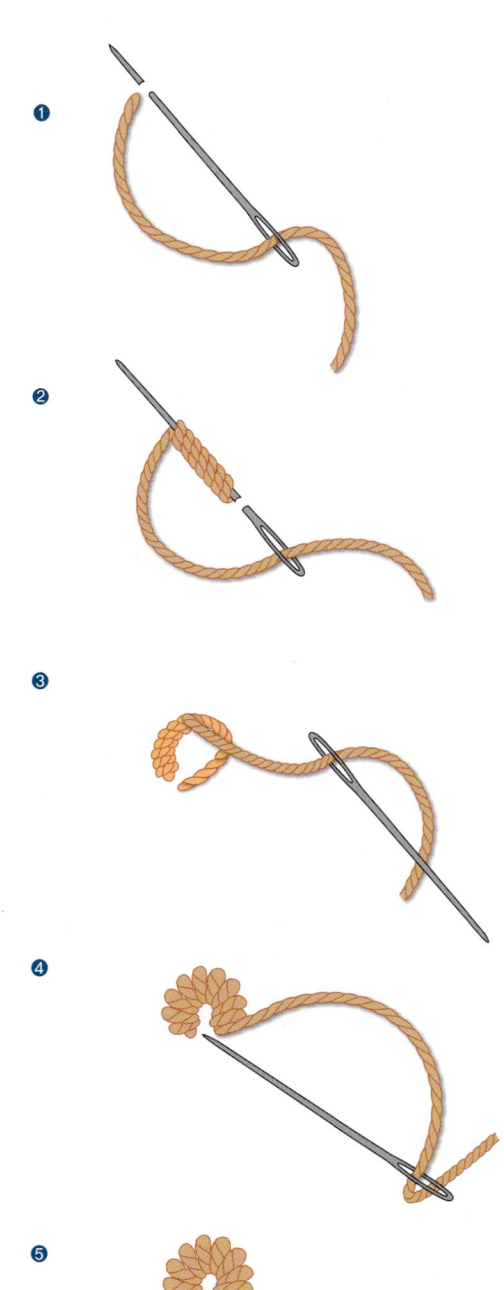

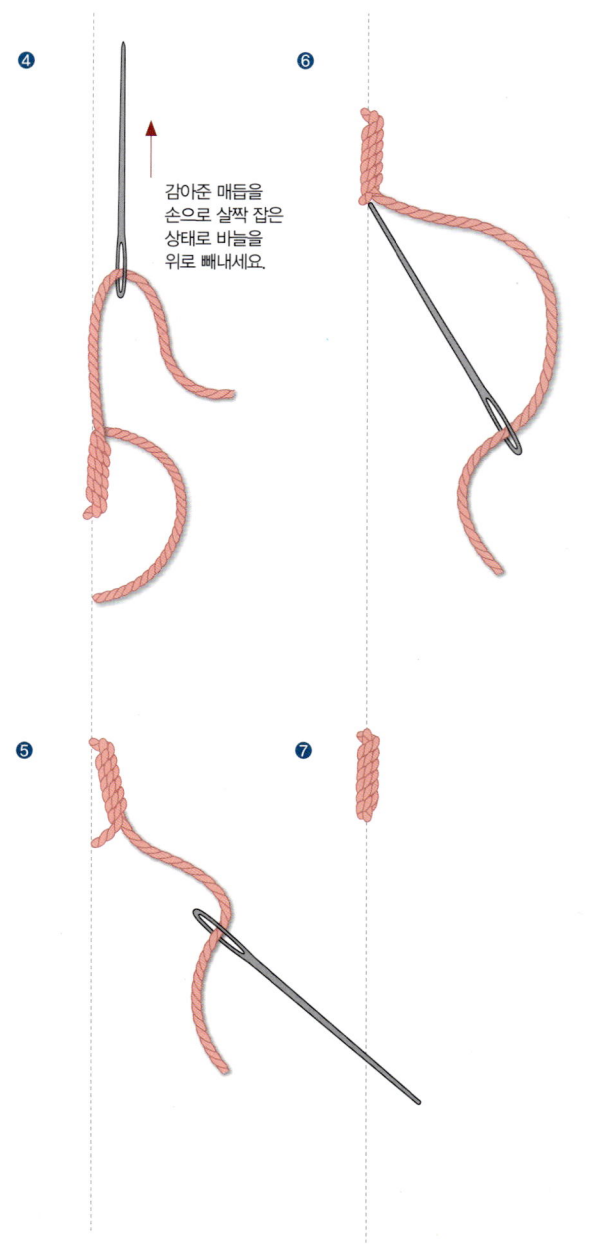

감아준 매듭을 손으로 살짝 잡은 상태로 바늘을 위로 빼내세요.

블리온 데이지 스티치
Bullion Daisy Stitch

블리온을 응용한 스티치로, 블리온 노트 스티치의 2배 이상으로 감아 좀 더 큰 고리를 만들어준다.
자연스럽게 띄울 수도 있지만, 가운데 고리를 만들어 고정해준다.

블리온 로즈 스티치
Bullion Rose Stitch

일반적인 블리온보다 실을 감는 횟수를 1.3배 정도 더 감으면 자연스럽게 살짝 휘어진 블리온이 만들어진다.
블리온 로즈의 장미를 표현할 때는 이와 같은 방법으로 자연스러운 곡선의 장미를 만들어준다.

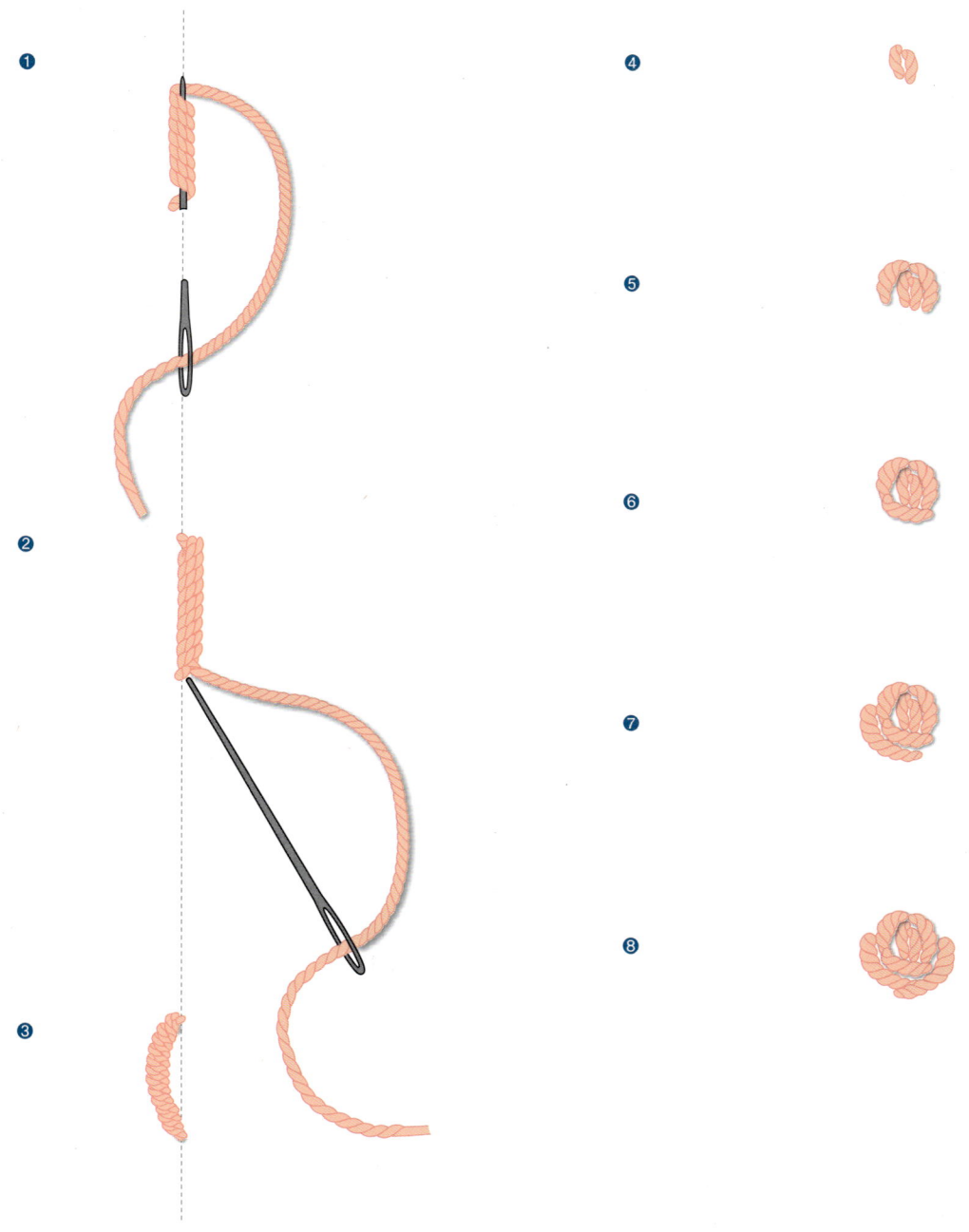

롤 플라워 스티치
Roll Flower Stitch

블리온과 비슷한 방법으로 굵은 막대에 실을 돌돌 말아 둥글려 꽃을 연출한다.
풍성한 꽃이나 목화 꽃을 표현할 때 쓰인다. 울사로 하면 더 풍성한 느낌이다.

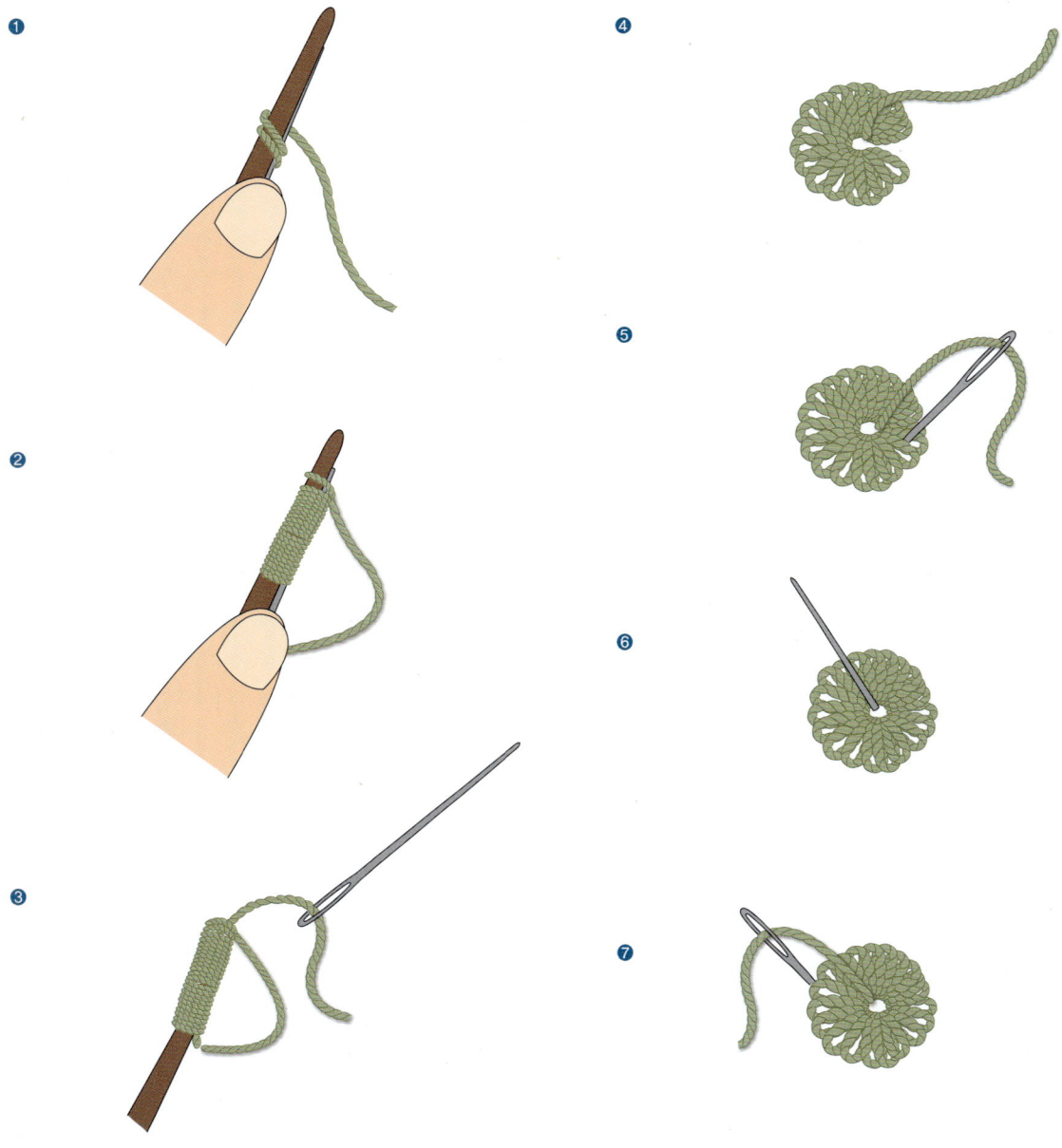

All About Stitch

레이즈드 스템 스파이더 웹 스티치
Raised Stem Spider Web Stitch

6개의 심을 심어준 뒤, 중앙에서 바늘을 빼내어 한 칸 앞의 심에서 진행 반대 방향으로 감아 빼준다. 한 칸씩 이동하며 반복해준다.

❶

❷

❸

❹

스템 로즈 스티치
Stem Rose Stitch

중앙에 프렌치 노트 스티치를 해준 뒤, 그 주변으로 자연스럽게 아웃라인 스티치를 뱅글뱅글 돌려가며 놓아준다. 장미를 표현하는 방법 중 하나다. 느슨하게 해주어야 자연스럽다.

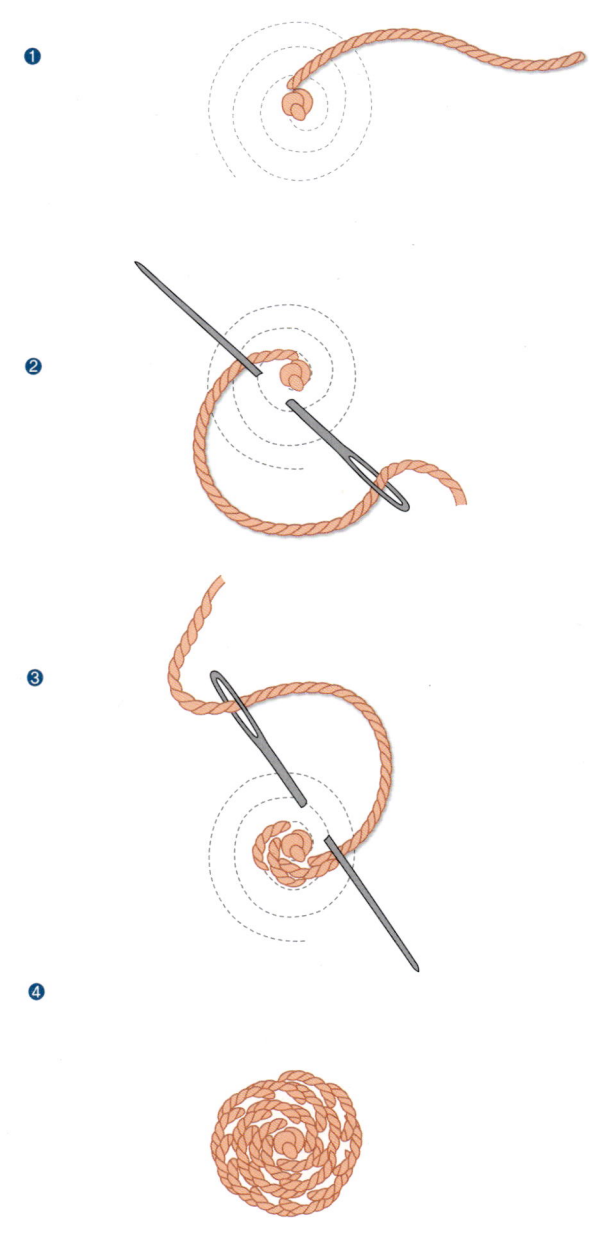

❶

❷

❸

❹

램블러 로즈 스티치
Rambler Rose Stitch

스트레이트를 삼각형, 오각형으로 끝을 조금씩 교차하며 바깥으로 갈수록 땀을 조금씩 크게 하며 겹쳐 장미를 표현하는 방법 중 하나다.

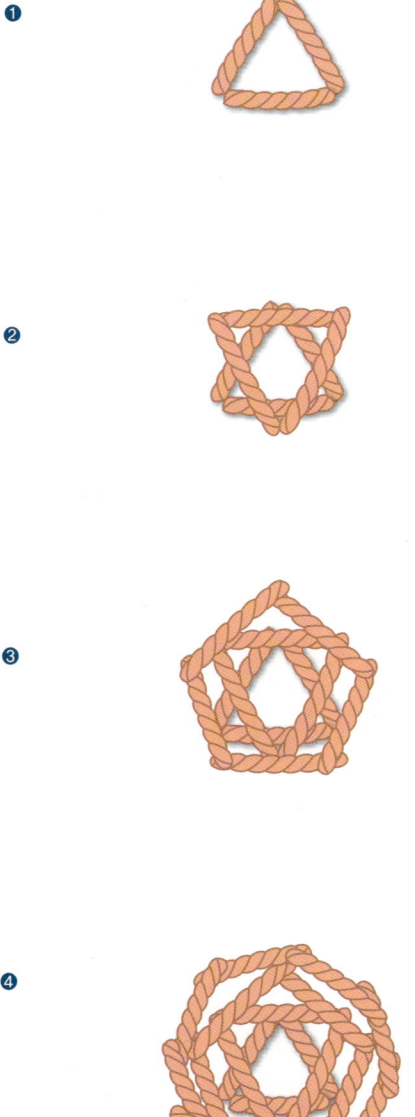

로제트 로즈 스티치
Rosette Rose Stitch

로제트 로즈 스티치라고도 하며, 링 스티치라고도 한다. 바늘에 실을 여러 번 감아 돌려 위, 아래를 고정해준다.

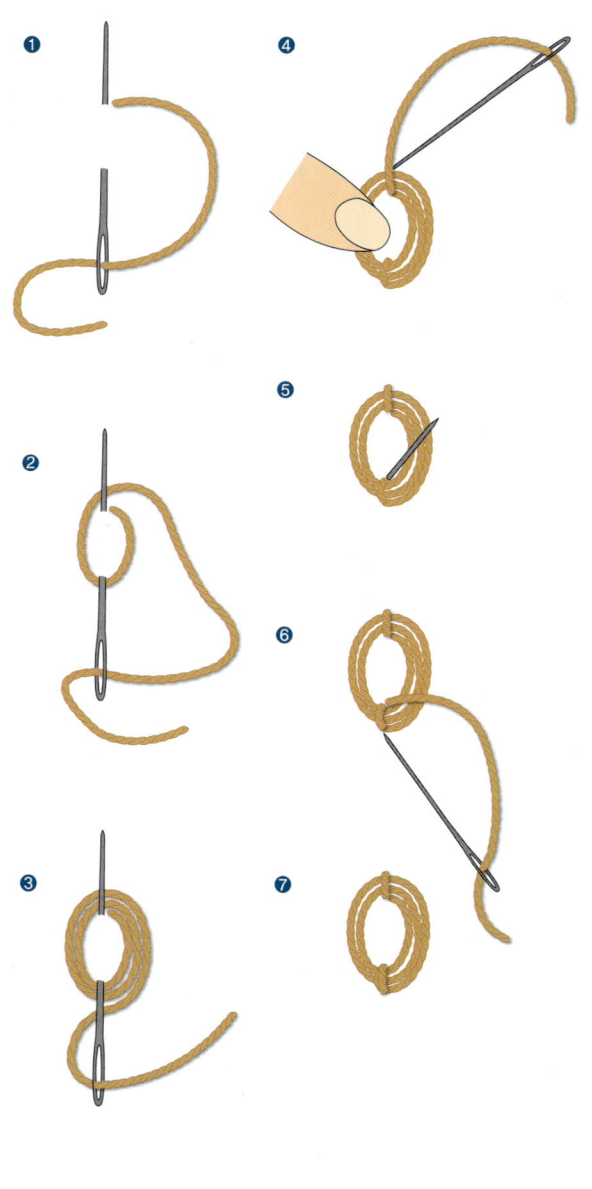

휠 스티치
Wheel Stitch

맨 위 칸부터 시작하며, 오른쪽의 첫 번째 심 앞에서 바늘을 빼내어 뒤로 돌려 휘감아준다.
한 줄이 끝나면 뒤로 빼내었다가 다시 오른쪽으로 와서 시작한다.

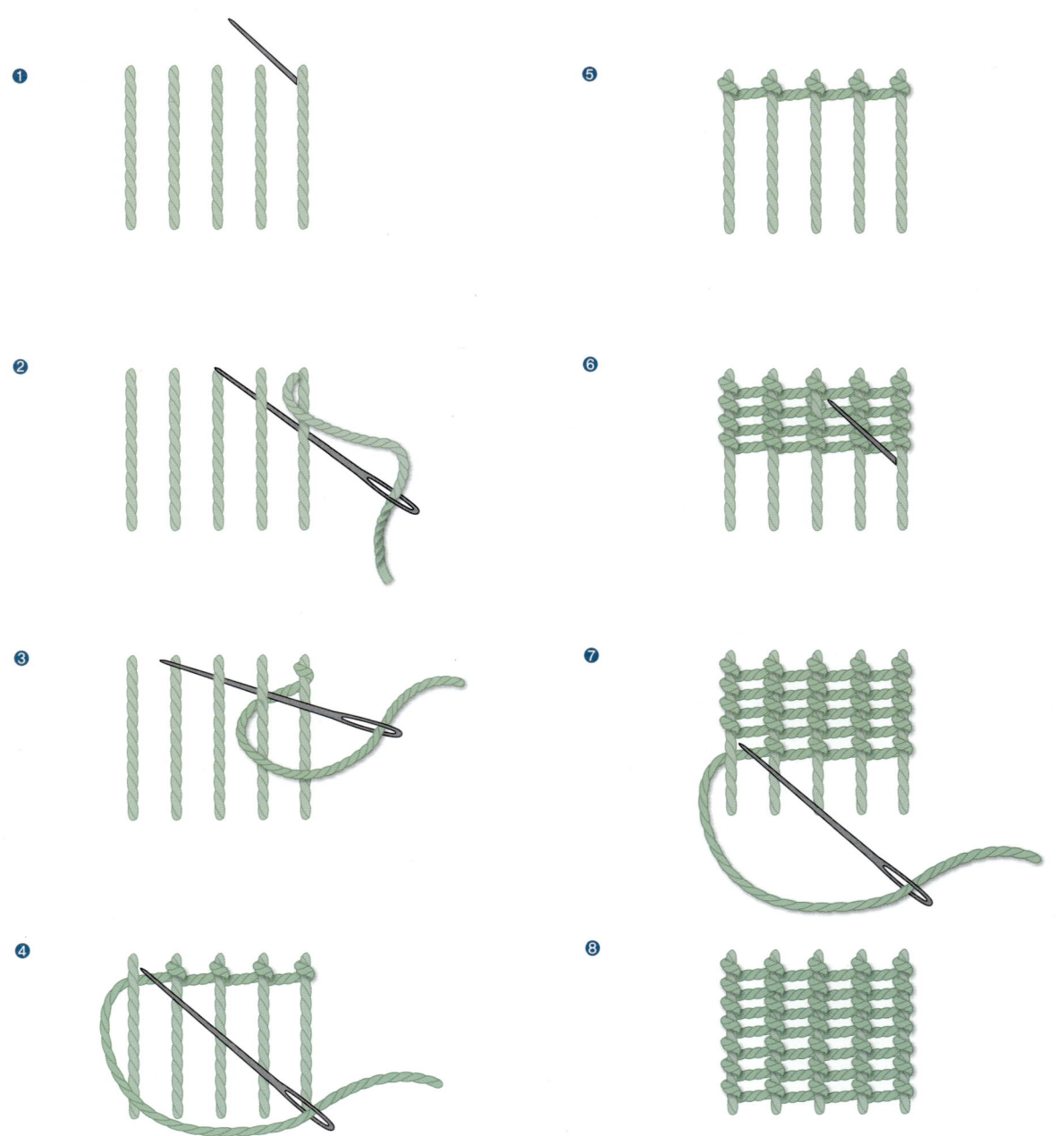

브레이드 스티치
Braid Stitch

꼬아진 끈이라는 뜻으로 볼륨감 있는 장식용 수술 모양의 선 스티치. 케이블 플레이트 스티치라고도 한다. 실을 너무 잡아당기지 않도록 주의한다.

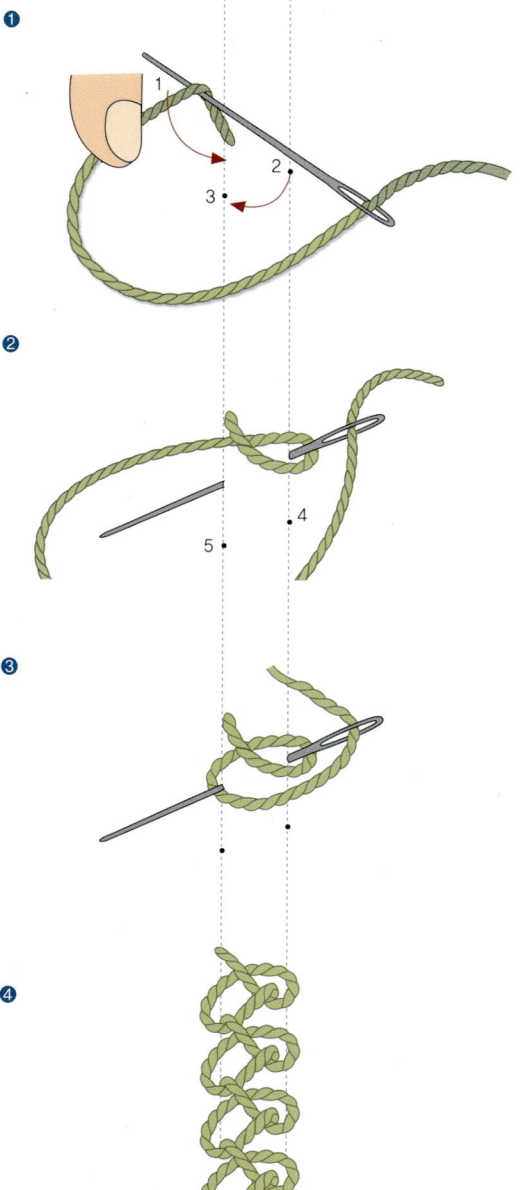

로제트 체인 스티치
Rosette Chain Stitch

장미꽃 모양 장식이라는 뜻으로 선 자수의 기법이다. 원형으로 돌려가며 모양을 만들 수도 있다. 실을 너무 잡아당기지 않도록 주의한다.

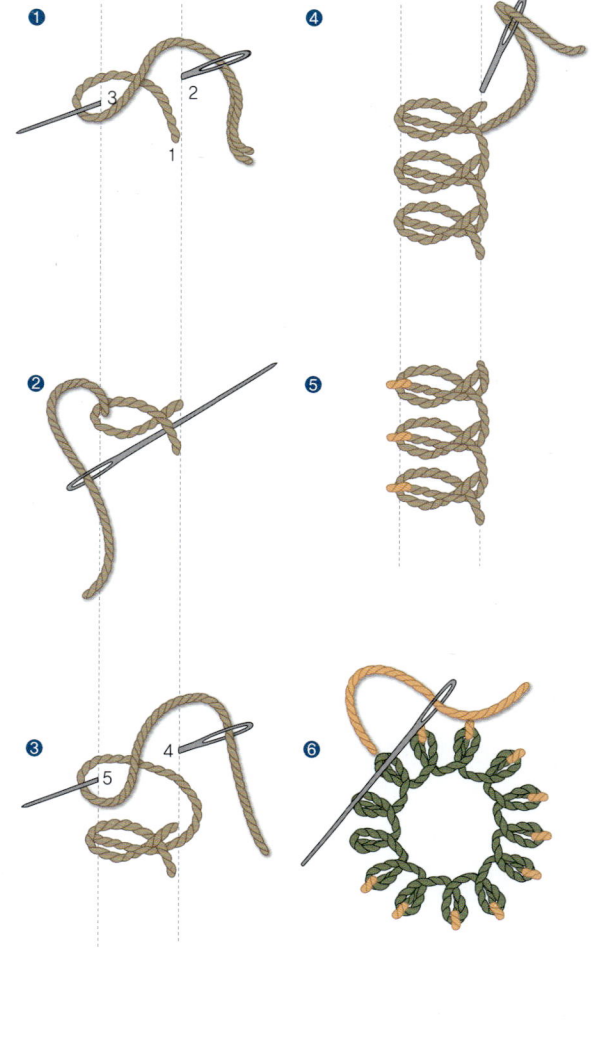

피시본 스티치
Fishbone Stitch

위, 아래를 수평으로 번갈아가며 떠주어 교차되면서 잎사귀 형태가 드러난다.
큰 잎사귀를 메울 때 사용하며, 볼록한 느낌의 스티치다.

❶

❷

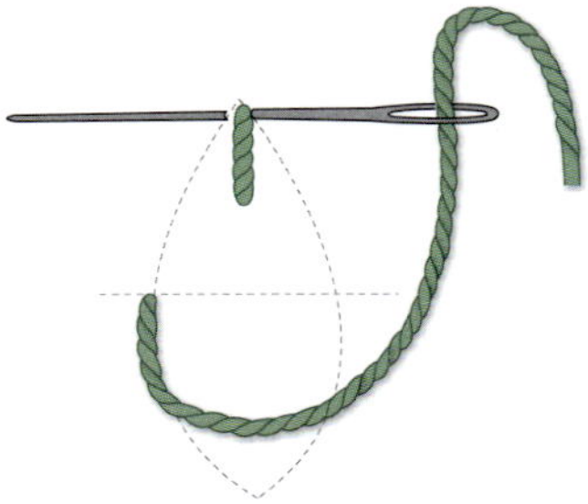

❸

❹

❺

❻

❼

❽

All About Stitch

리프 스티치
Leaf Stitch

플라이 스티치의 응용으로, 각도를 좀 더 세워서 촘촘히 내려오면서 메워준다. 잎맥이 도드라져 예쁜 잎을 표현할 수 있다.

❶
❷
❸
❹
❺

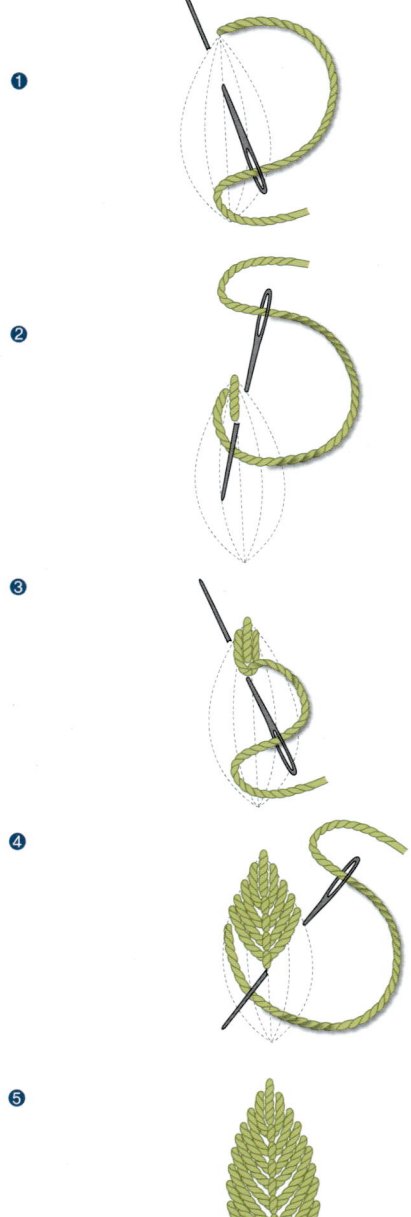

플랫 스티치
Flat Stitch

그림처럼 가이드라인을 그어놓고 각도를 주면서 새틴 스티치의 느낌으로 안쪽에서 바깥을 향해 찔러 서로 교차하면서 수를 놓는다.

❶
❷
❸
❹

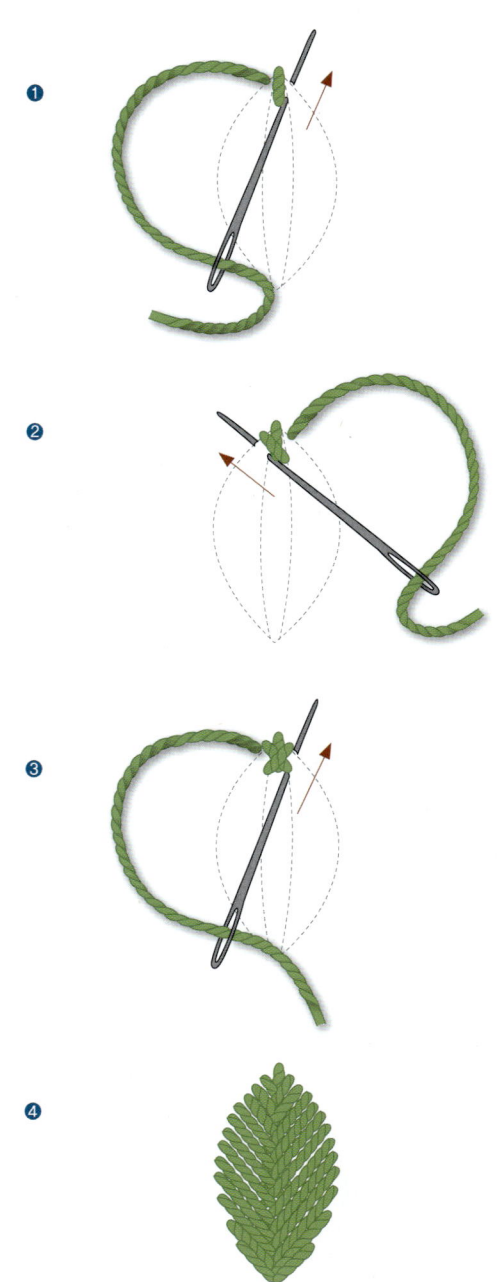

크레탄 스티치
Cretan Stitch

페더 스티치의 응용으로 잎사귀나 폭넓은 선을 표현할 때 쓰인다.

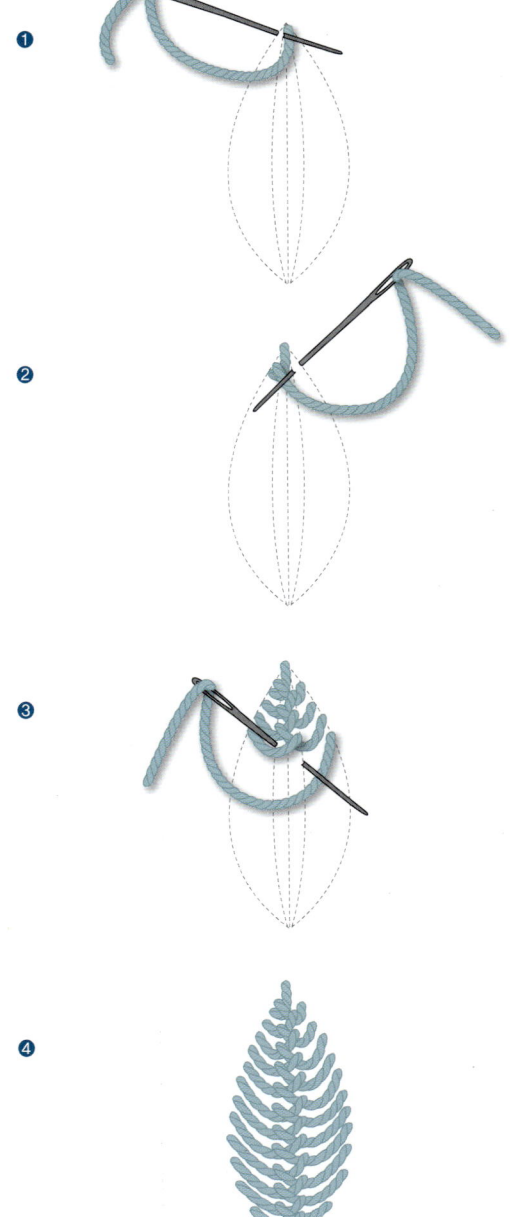

❶
❷
❸
❹

헤링본 스티치
Herringbone Stitch

가장자리 장식을 하는 데 많이 쓰이는 스티치로, 원피스나 셔츠의 끈 자락에 놓아주면 예쁘다.
위 아래로 번갈아가며 수평으로 찔러주어 수를 놓는다.

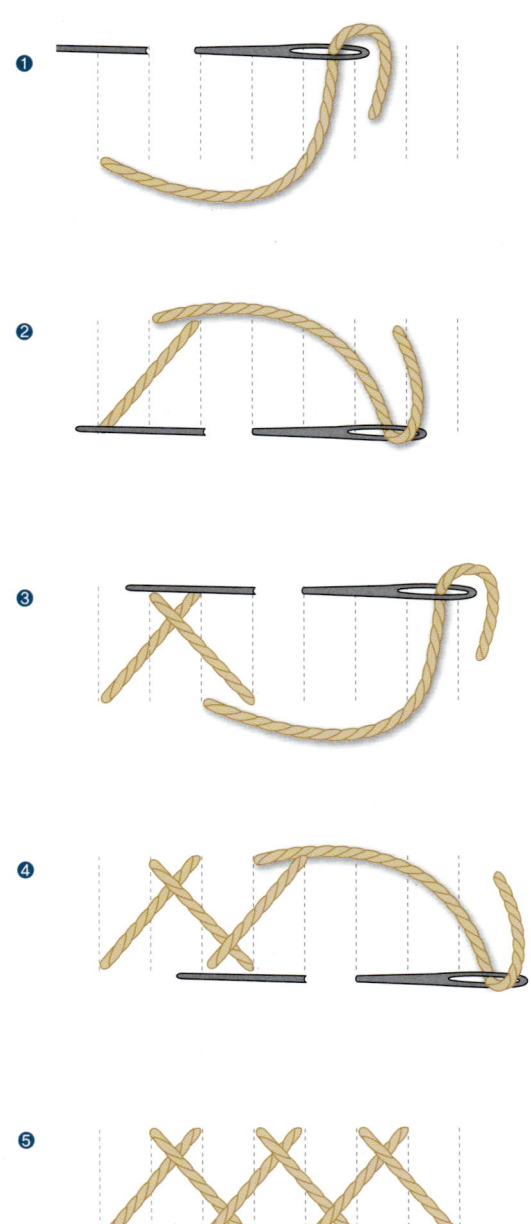

❶
❷
❸
❹
❺

All About Stitch

더블 헤링본 스티치
Double Herringbone Stitch

헤링본 스티치가 두 번 겹쳐진 스티치다. 헤링본 스티치를 놓은 다음, 다른 색실로 비워진 사이사이에 수를 놓는다.

❶
❷
❸
❹
❺

셰브론 스티치
Chevron Stitch

헤링본 스티치와 마찬가지로 가장자리 장식으로 쓰인다. V형 무늬를 스트레이트로 막아준 형태다.

❶
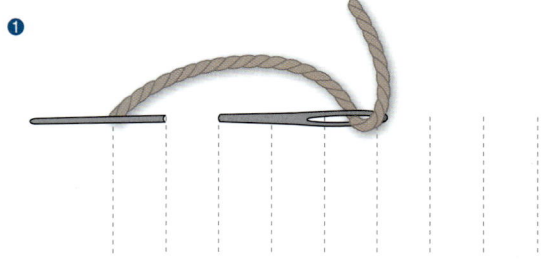

❷
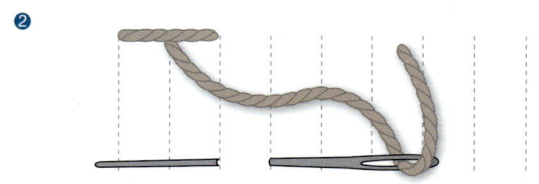

❸
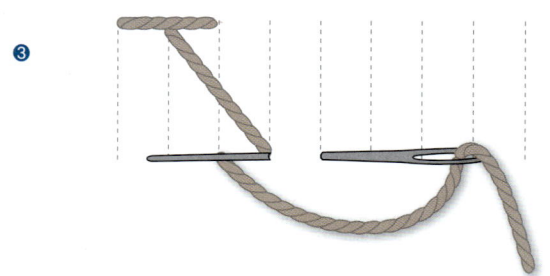

더블 셰브론 스티치
Double Chevron Stitch

셰브론 스티치가 두 번 겹쳐진 스티치다. 다른 색으로 사이사이에 수를 놓아 여러 가지 분위기를 연출한다.

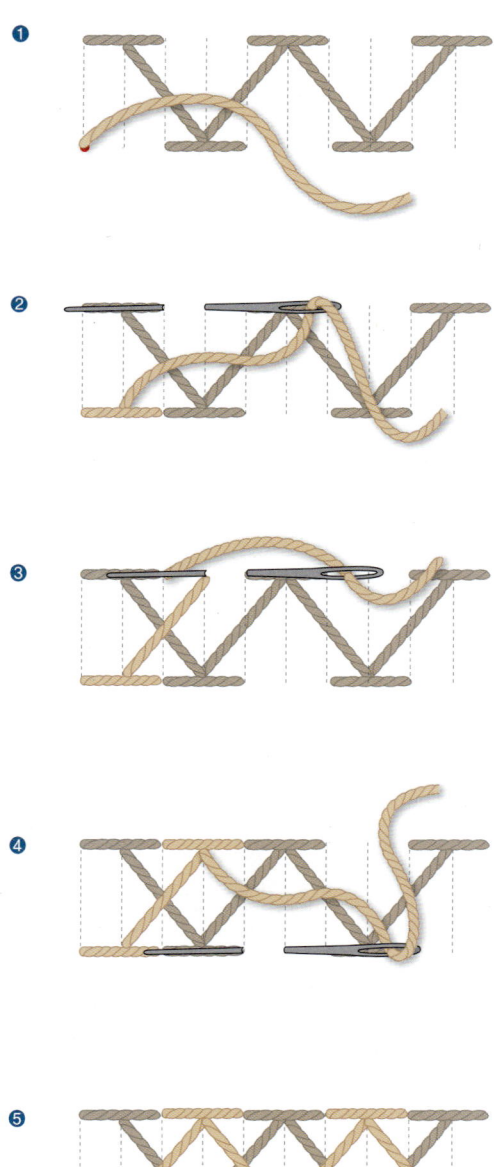

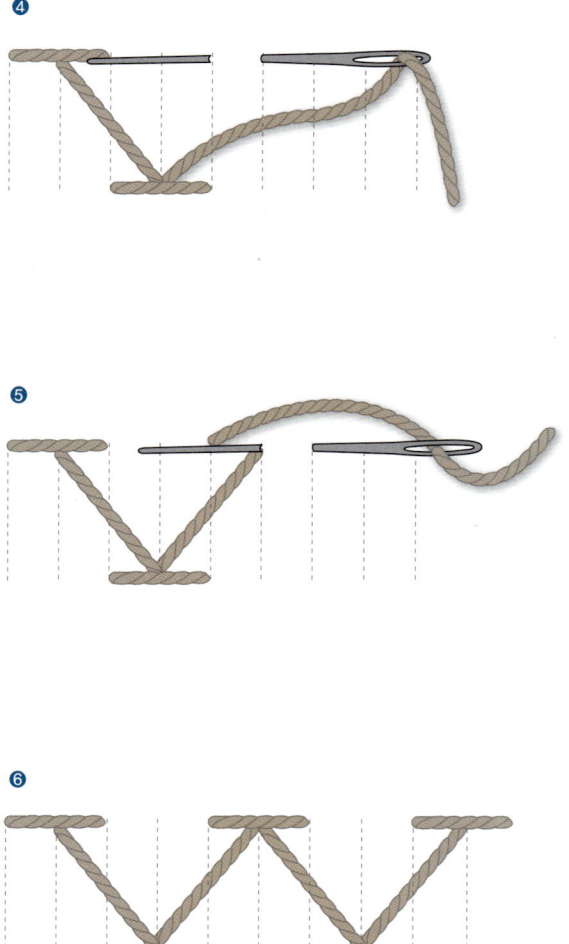

코럴 스티치
Coral Stitch

매듭 형태의 선 스티치다. 왼쪽에서 오른쪽으로 진행하며 바늘을 수직으로 살짝 찔러 실을 앞에 둔 상태로 감아 빼준다.

스크롤 스티치
Scroll Stitch

언뜻 코랄 스티치와 방법이 비슷하게 보이지만, 스크롤 스티치는 실을 뒤에서 가져와 S자로 감아 빼주면 물결 모양이 만들어진다. 선 스티치지만, 곱슬머리나 나무, 양의 털을 표현하는 면을 메우는 스티치로도 쓰인다.

❶
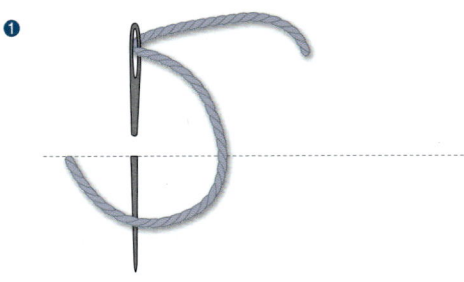

❶
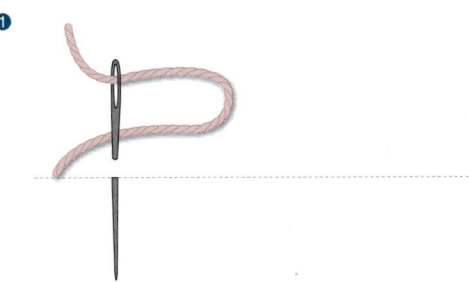

❷
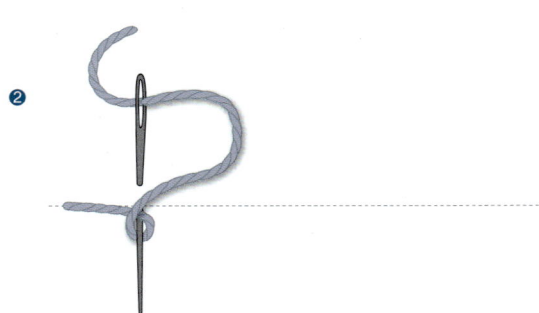

❷
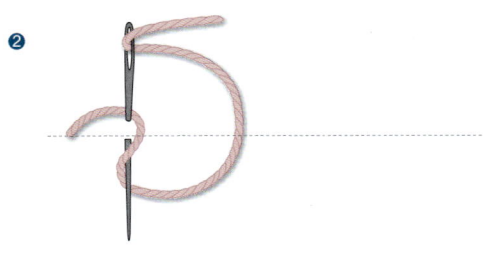

❸
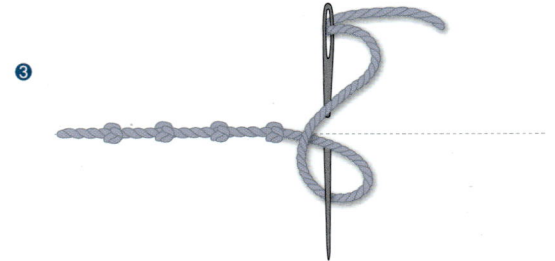

❸
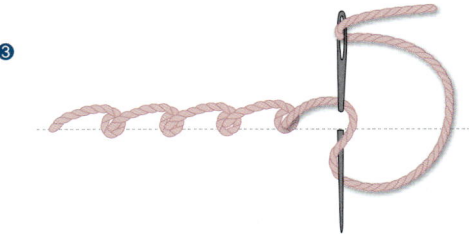

번들 스티치
Bundle Stitch

3개의 스트레이트를 만든 뒤, 가운데로 실을 모아 묶어주는 스티치로 리본 모양을 연출한다. 시프 스티치라고도 하며, 크기나 배열에 따라 여러 가지 느낌으로 사용된다.

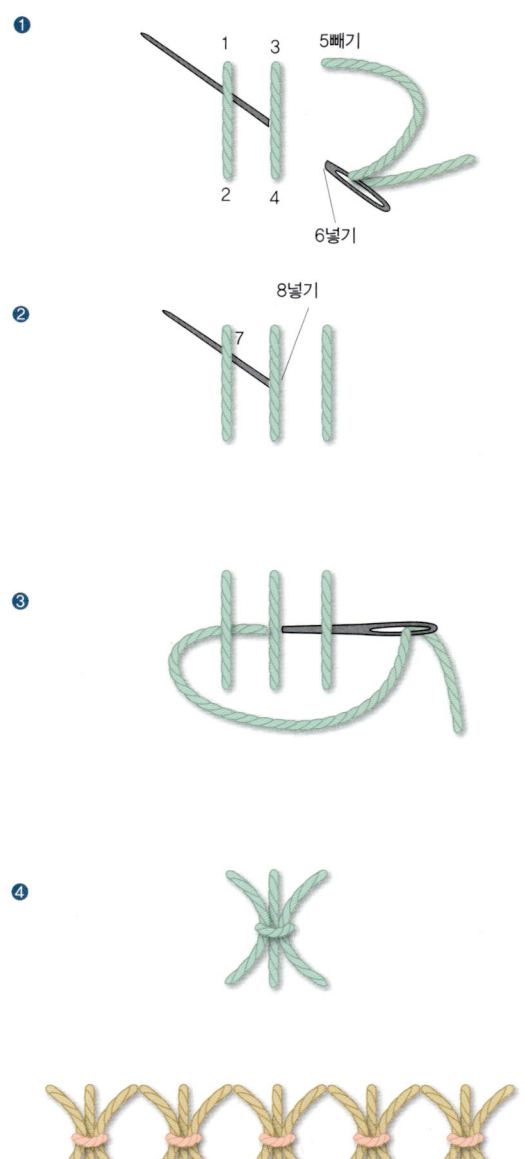

롤 스티치
Roll Stitch

원하는 길이만큼 심을 만들어준 뒤, 심에 실을 돌려 감아 입체적인 선을 표현한다. 오버캐스트 스티치라고도 한다.

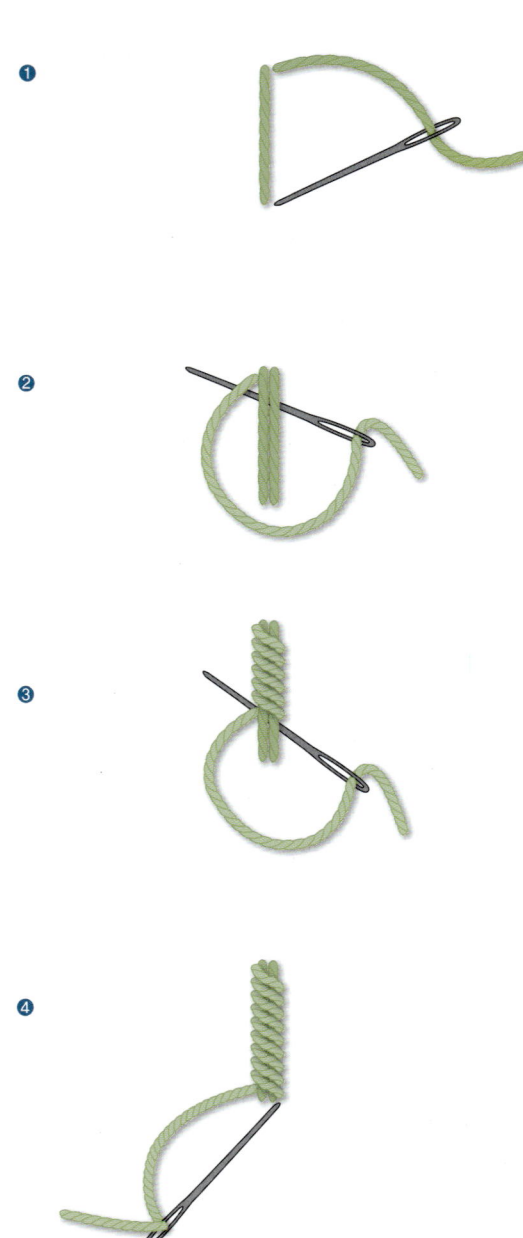

로프 스티치
Rope Stitch

굵은 밧줄 모양의 입체적인 선 자수다.
밑으로 내려오면서 바늘을 촘촘히 찔러주어야 깔끔하게 수놓아진다.

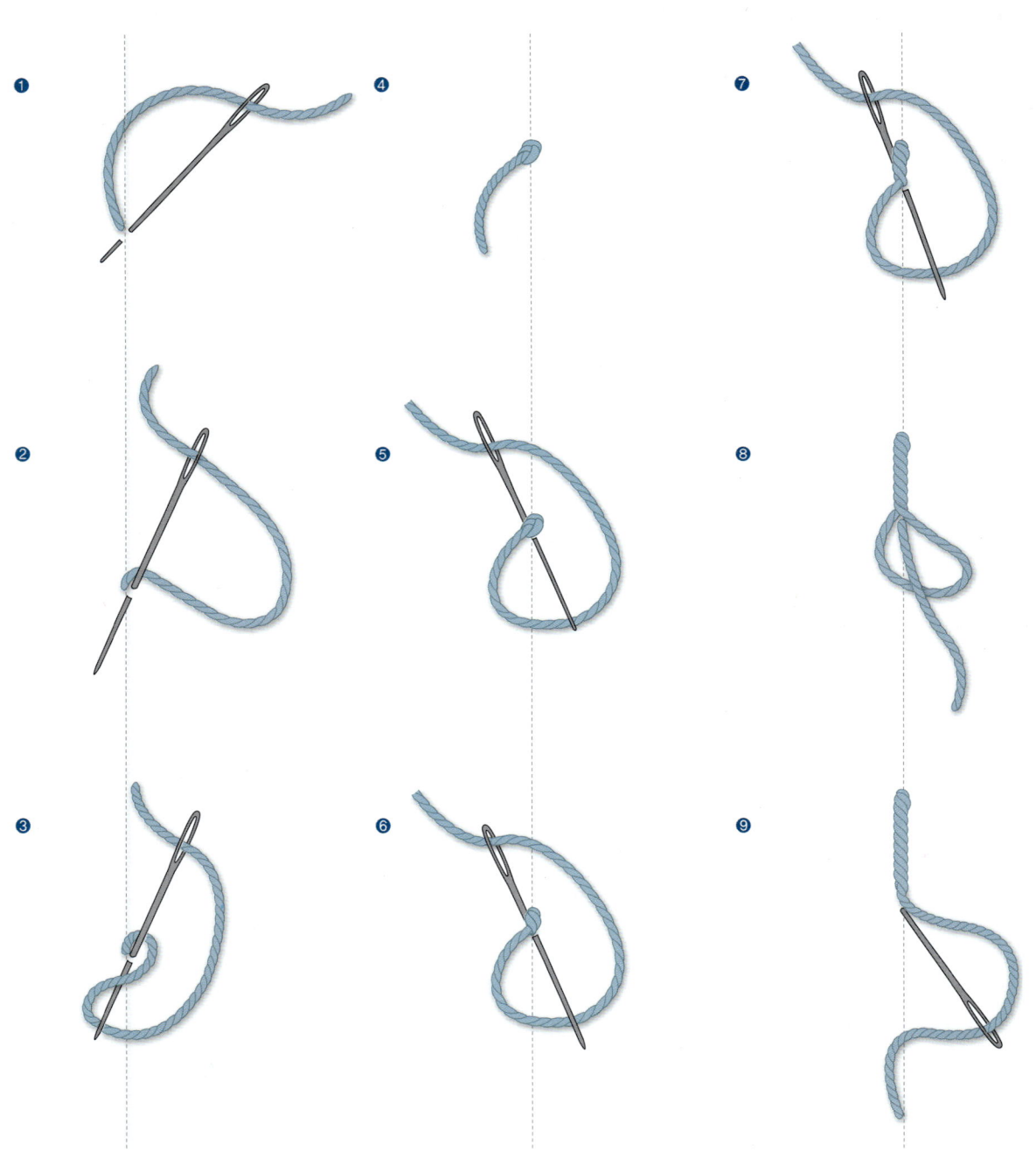

카우치트 트렐리스 스티치
Couched Trellis Stitch

스퀘어 레이드 필링이라고도 한다. 격자 모양의 스티치로 가로로 길게 수를 놓고, 세로로 길게 수를 놓은 다음 교차되는 지점을 다른 색실로 고정해준다. 한 방향으로도 고정하고 크로스 형태로도 고정한다.

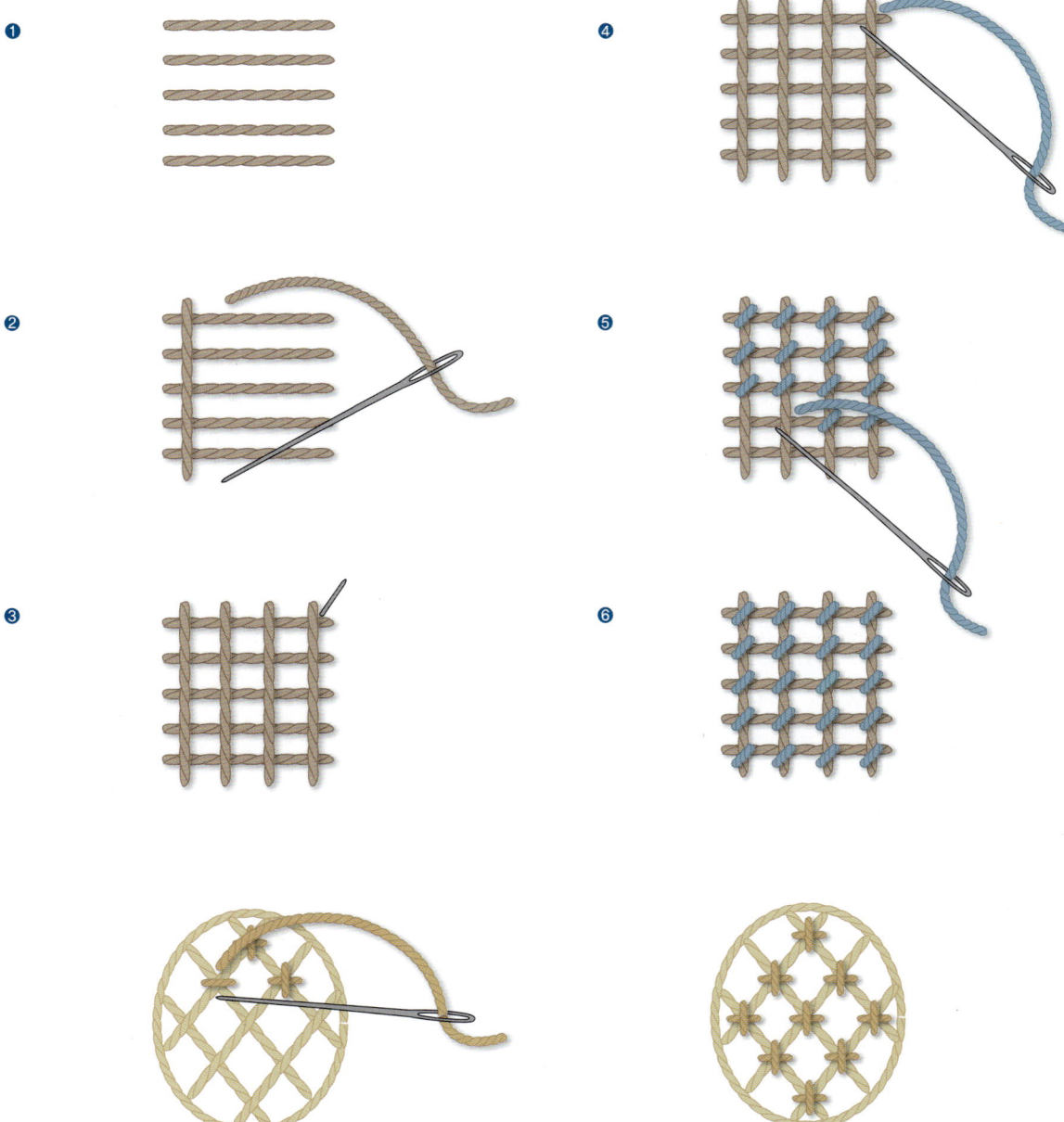

바스켓 스티치
Basket Stitch

바구니 수의 대표적인 스티치다. 세로 방향을 길게 수를 놓은 뒤, 가로 방향에서 베를 짜듯이 한 칸씩 걸러 바늘을 통과해준다. 바구니를 짜는 것과 같은 원리다.

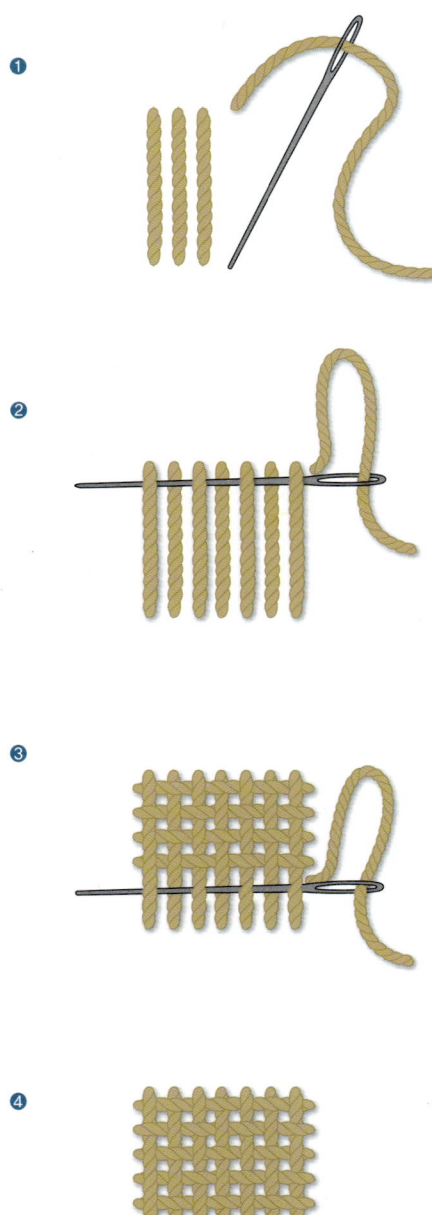

버든 스티치
Burden Stitch

가로로 길게 수를 놓은 뒤 맨 위 칸 안쪽에 세로로 수를 놓아주고, 다음 칸부터는 두 칸에 걸쳐 사이사이에 끼워 메워준다.

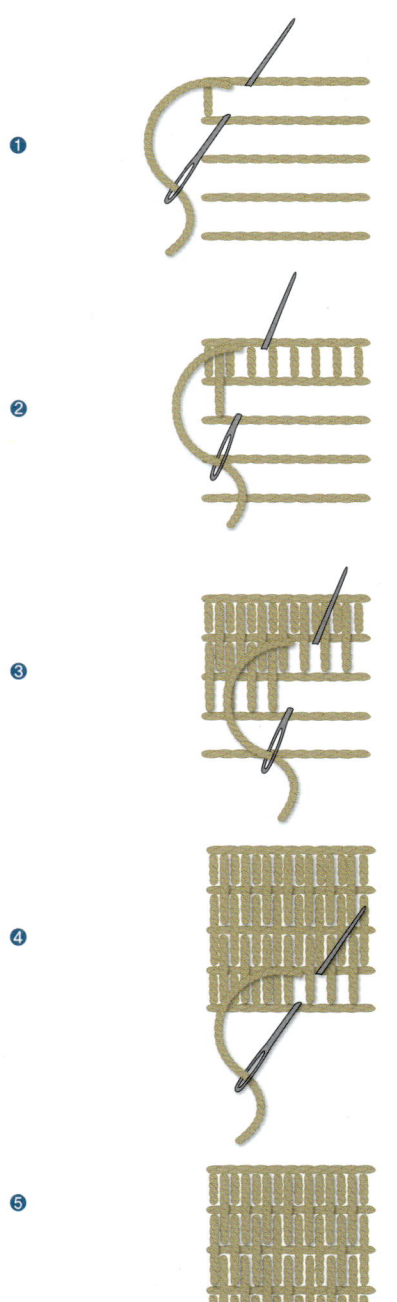

레이즈드 스템 밴드 스티치
Raised Stem Band Stitch

면을 메우는데 쓰이는 스티치이며 주로 바구니나 니트를 표현하는데 쓰인다. 위아래 아래까지 한 줄을 메운 뒤, 맨 아래 칸으로 들어간 후 다음 칸 위에서 다시 나와서 시작한다.

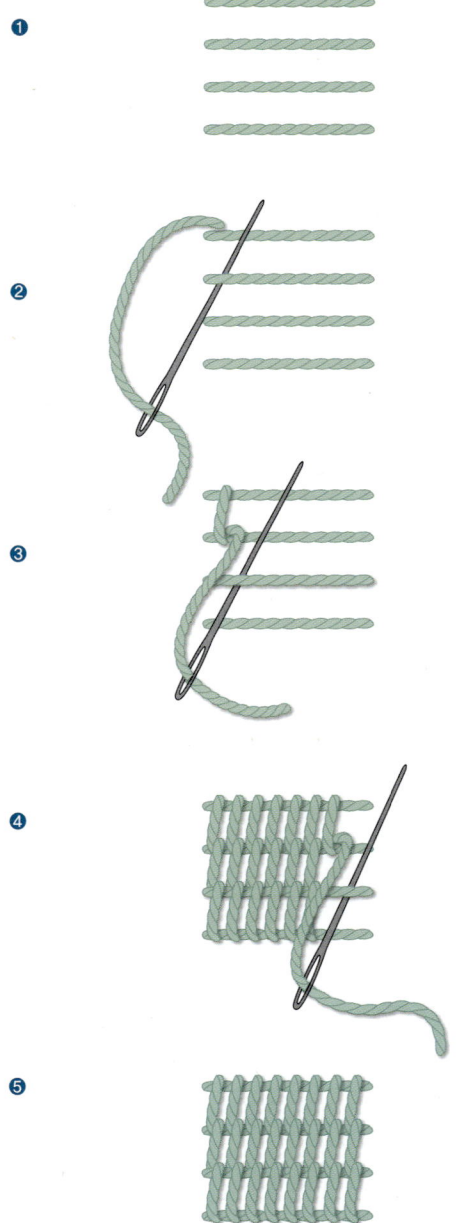

레이즈드 버튼홀 스티치
Raised Buttonhole Stitch

가로로 길게 수를 놓은 뒤, 위에서 나와 버튼홀 형태로 걸어 한 칸씩 아래로 진행한다.

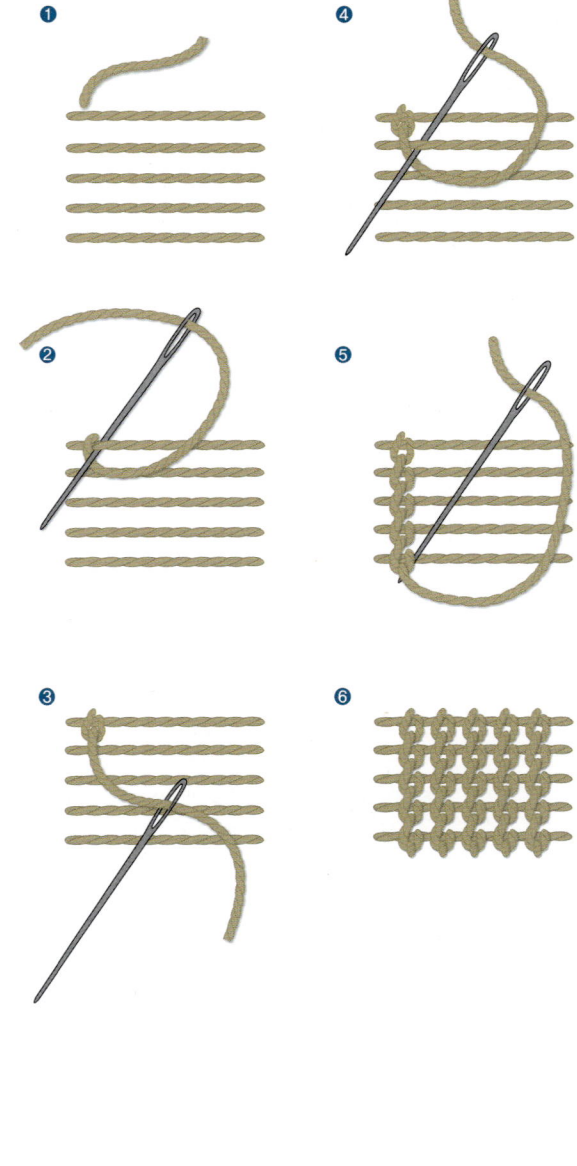

레이즈드 체인 스티치
Raised Chain Stitch

가로로 길게 수를 놓은 뒤, 위에서 아래 방향으로 진행하며 그림과 같이 실을 걸어 수를 놓는다.
스티치한 모양이 체인처럼 보이는 형태로 바구니 등 좀 더 입체적인 면을 메우는 데 쓰인다.
한 줄로만 표현하여 입체적인 선 자수로도 쓰인다.

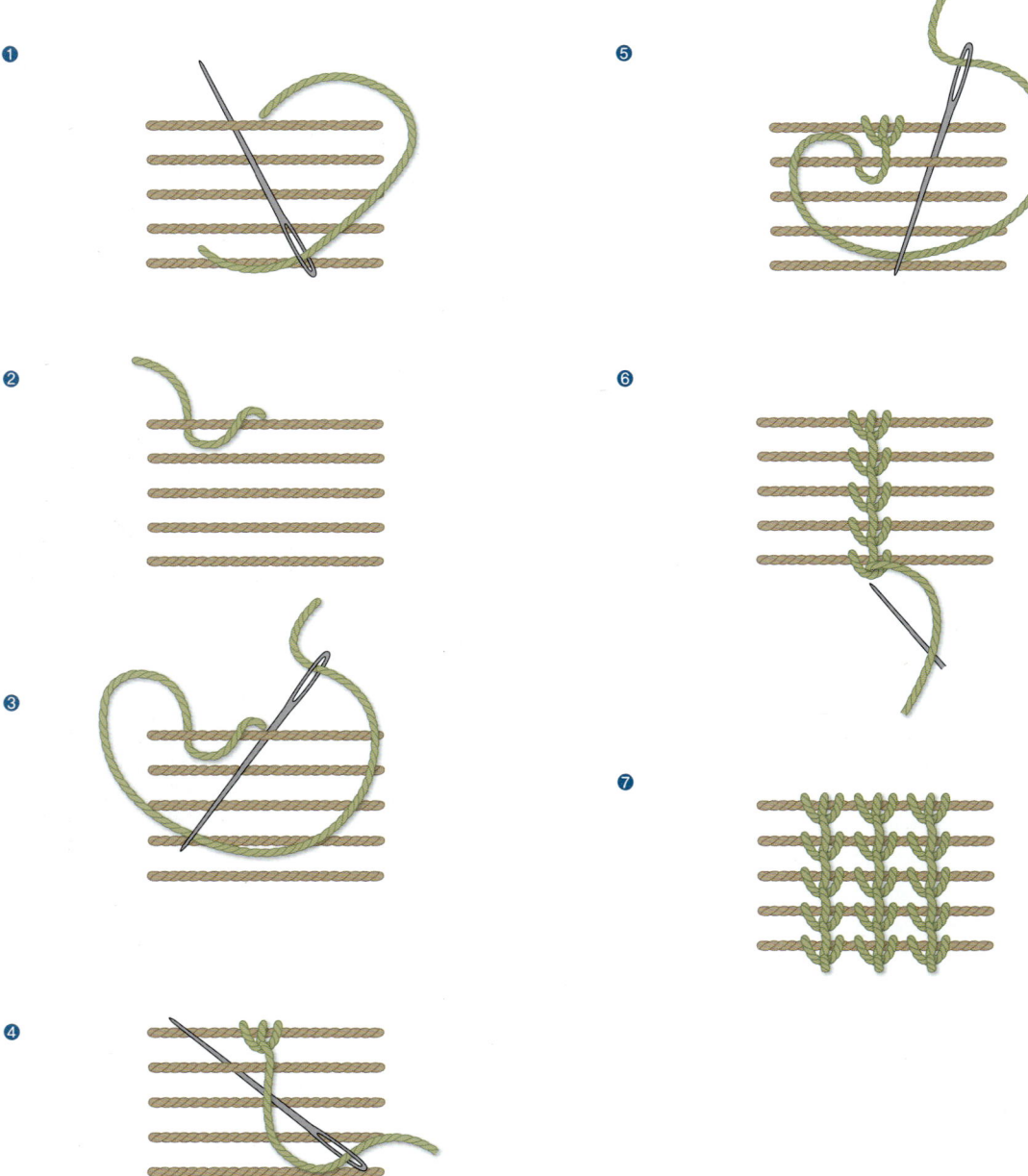

오픈 버튼홀 필링 스티치
Open Buttonhole Filling Stitch

그물망의 형태로 사이사이에 교차하며 걸어 고리를 만들어준다.
플라워 스티치를 할 때 밑동으로도 쓰이고, 입체 동물자수나 열매를 표현할 때 안에 솜을 넣어 사용하기도 한다.
두 번째 줄은 한 칸 안쪽에서부터, 세 번째 줄은 바깥쪽에서부터 건다.

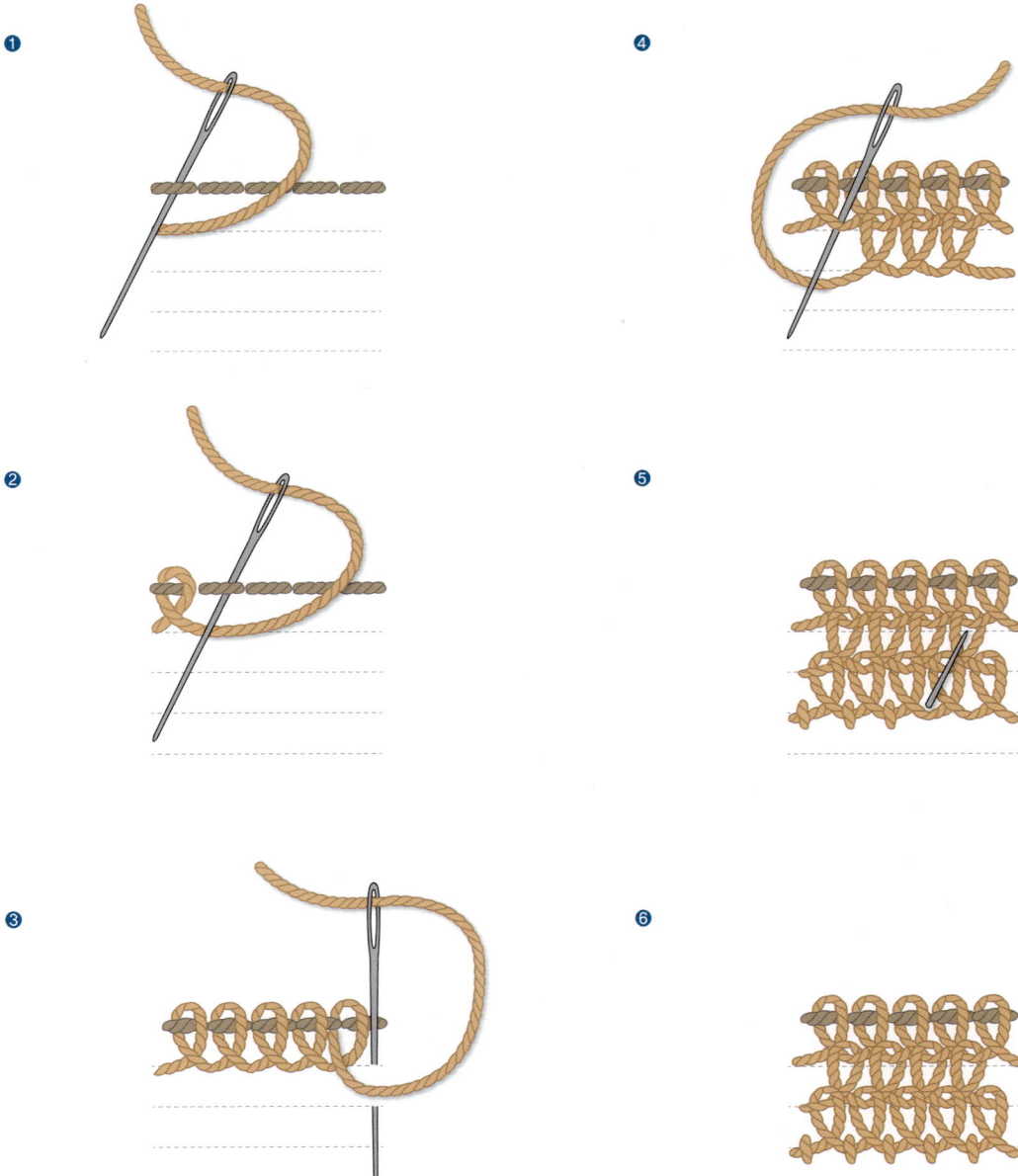

실론 스티치
Ceylon Stitch

겉뜨기 모양의 스티치로 니트를 표현할 때 많이 쓰인다. 고리에 줄을 맞추어 걸어준다.

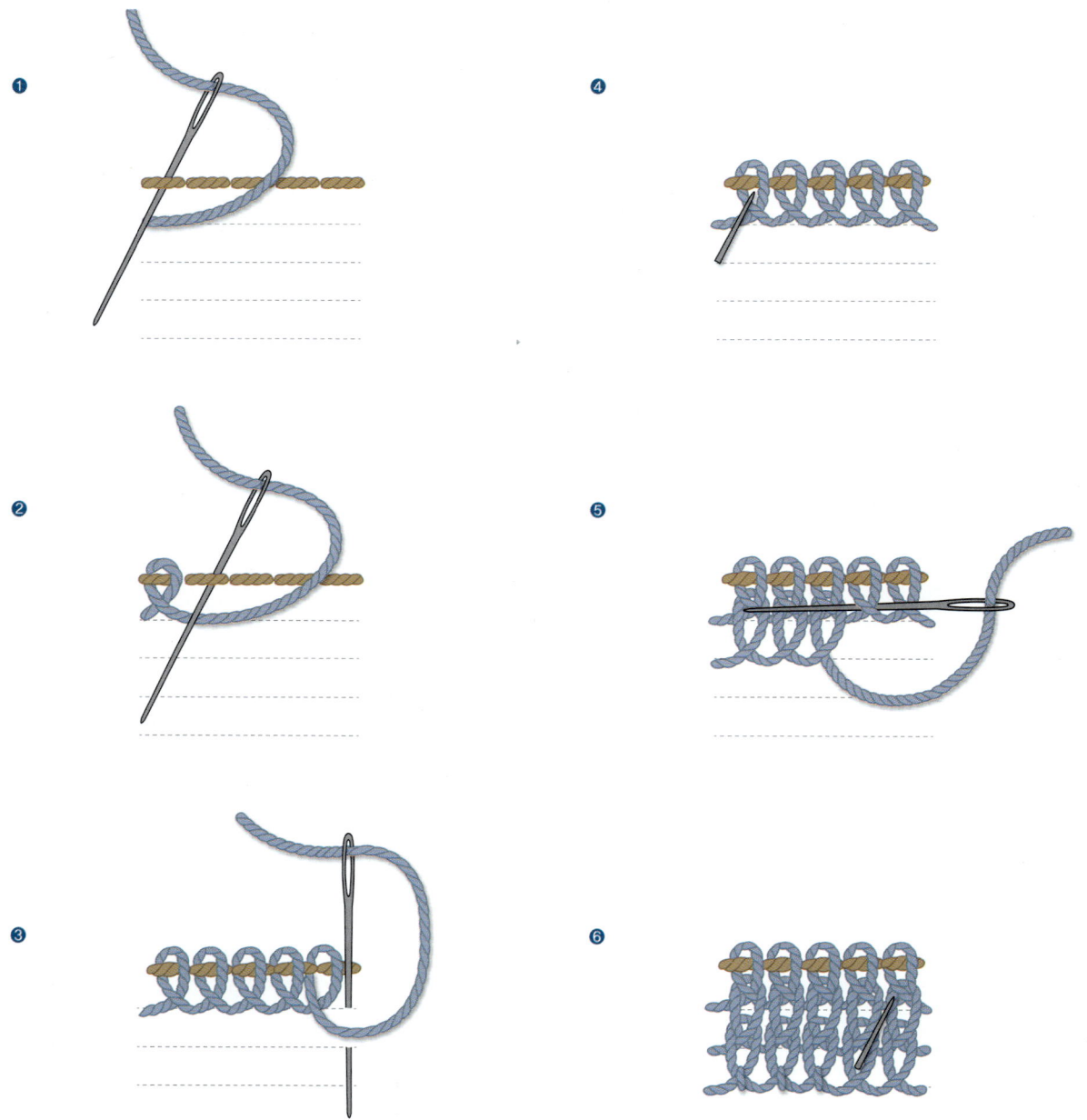

All About Stitch

캐스트 온 스티치
Cast on Stitch

뜨개를 하듯이 실을 손가락에 돌려 바늘에 걸어 뜨개코를 만들어준다.
반복하여 매듭이 층층이 쌓이게 한 뒤, 바늘을 빼내어 정리한다. 입체 꽃잎을 표현할 때 쓰인다.

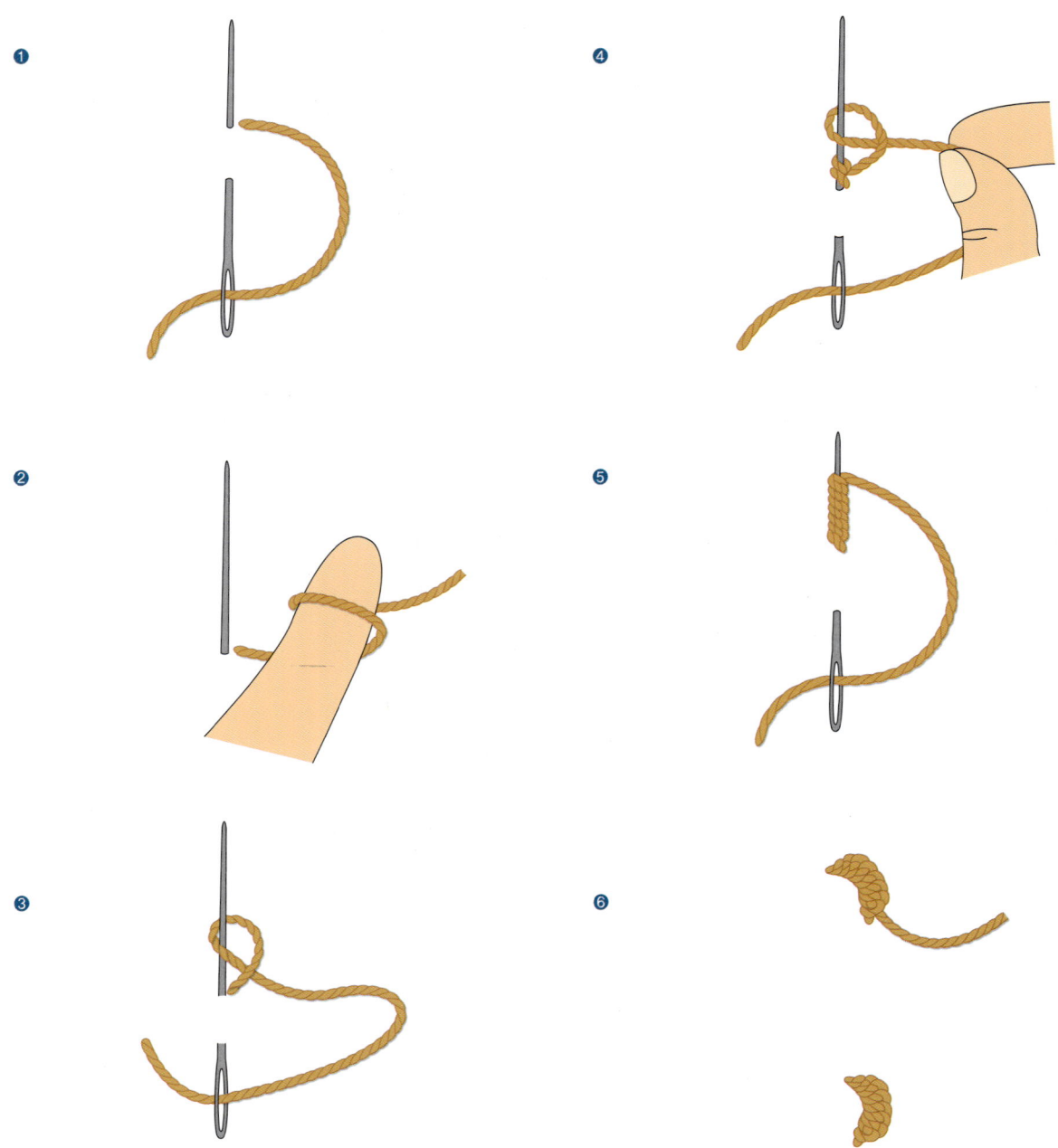

캐스트 온 링 스티치
Cast on Ring Stitch

캐스트 온과 같은 방법이지만, 천을 조금만 떠주어 감겨진 매듭을 동그랗게 말리게 한다.
작은 입체 꽃을 표현할 때 사용한다.

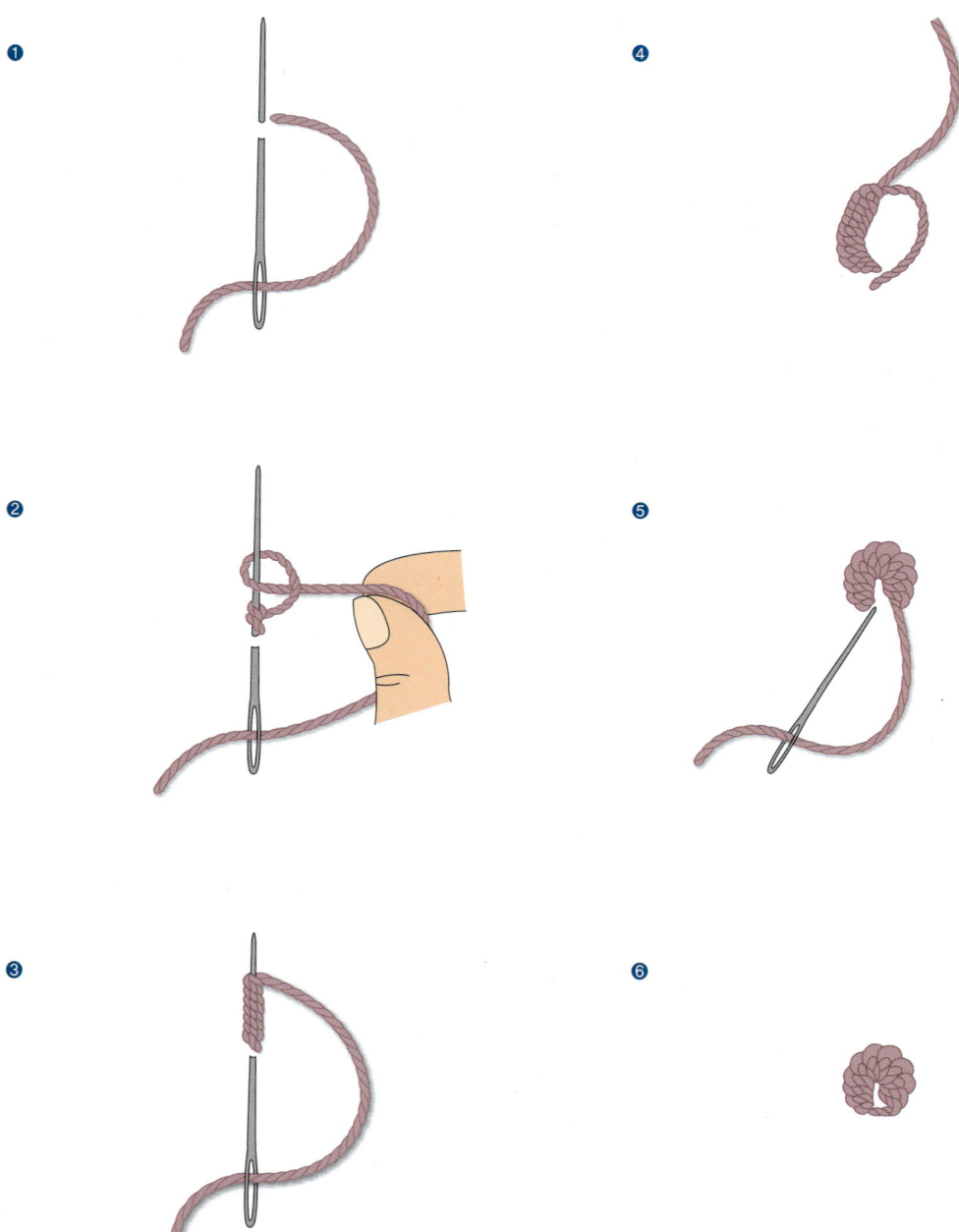

더블 캐스트 온 스티치
Double Cast on Stitch

실을 좌우 양방향으로 감아 걸어 매듭을 만들어 대칭이 되도록 쌓아준다. 입체 꽃을 표현할 때 사용한다.

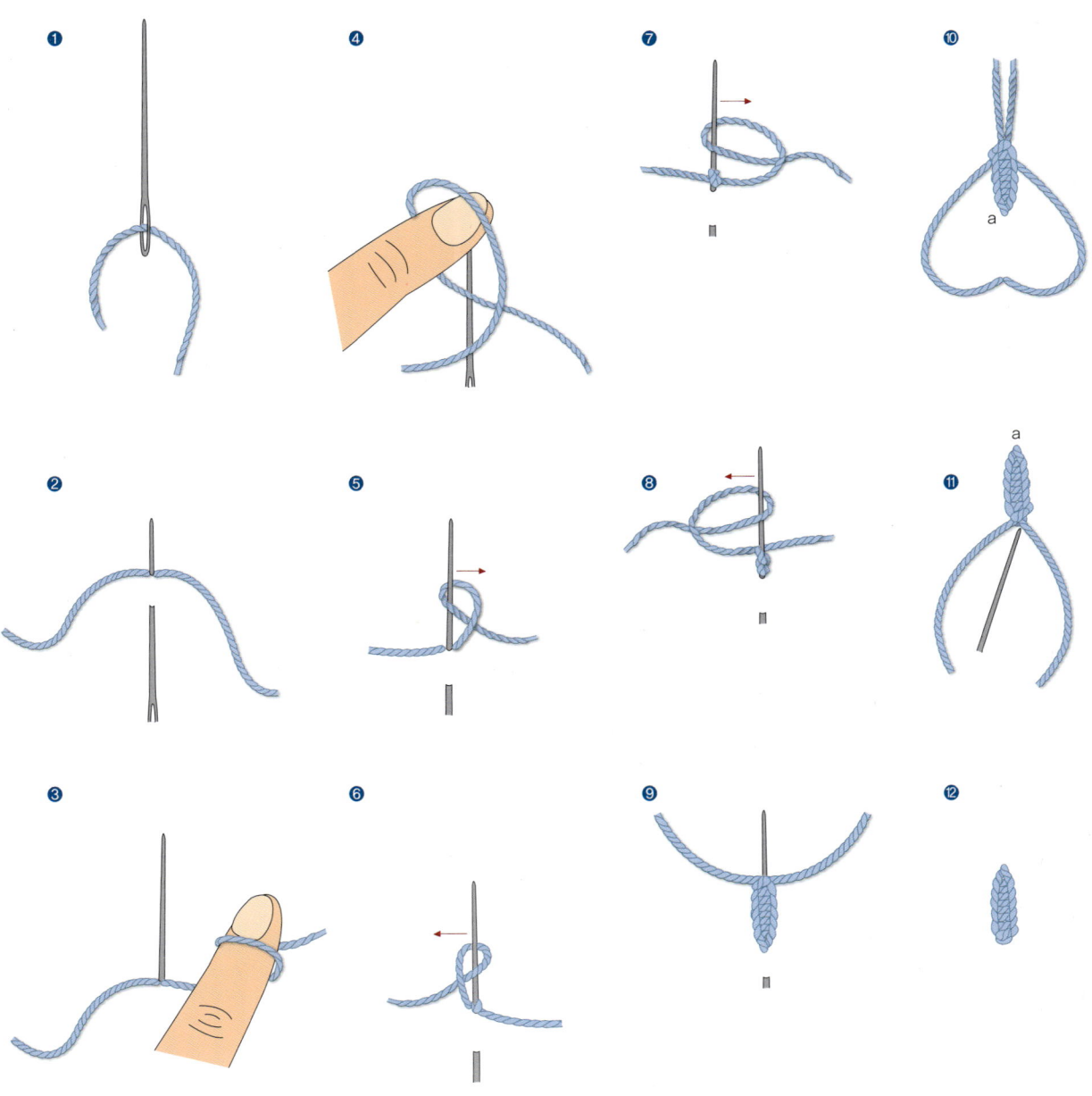

레이즈드 리프 스티치
Raised Leat Stitch

시침핀을 활용하며, 좌우로 반복하며 실뜨개를 하여 잎을 띄워주는 입체적인 꽃잎이나 잎사귀를 표현하는 자수다. 시작 부분이 엉성하게 되지 않게 신경 써서 매만져준다. 우븐 피코 스티치라고도 한다.

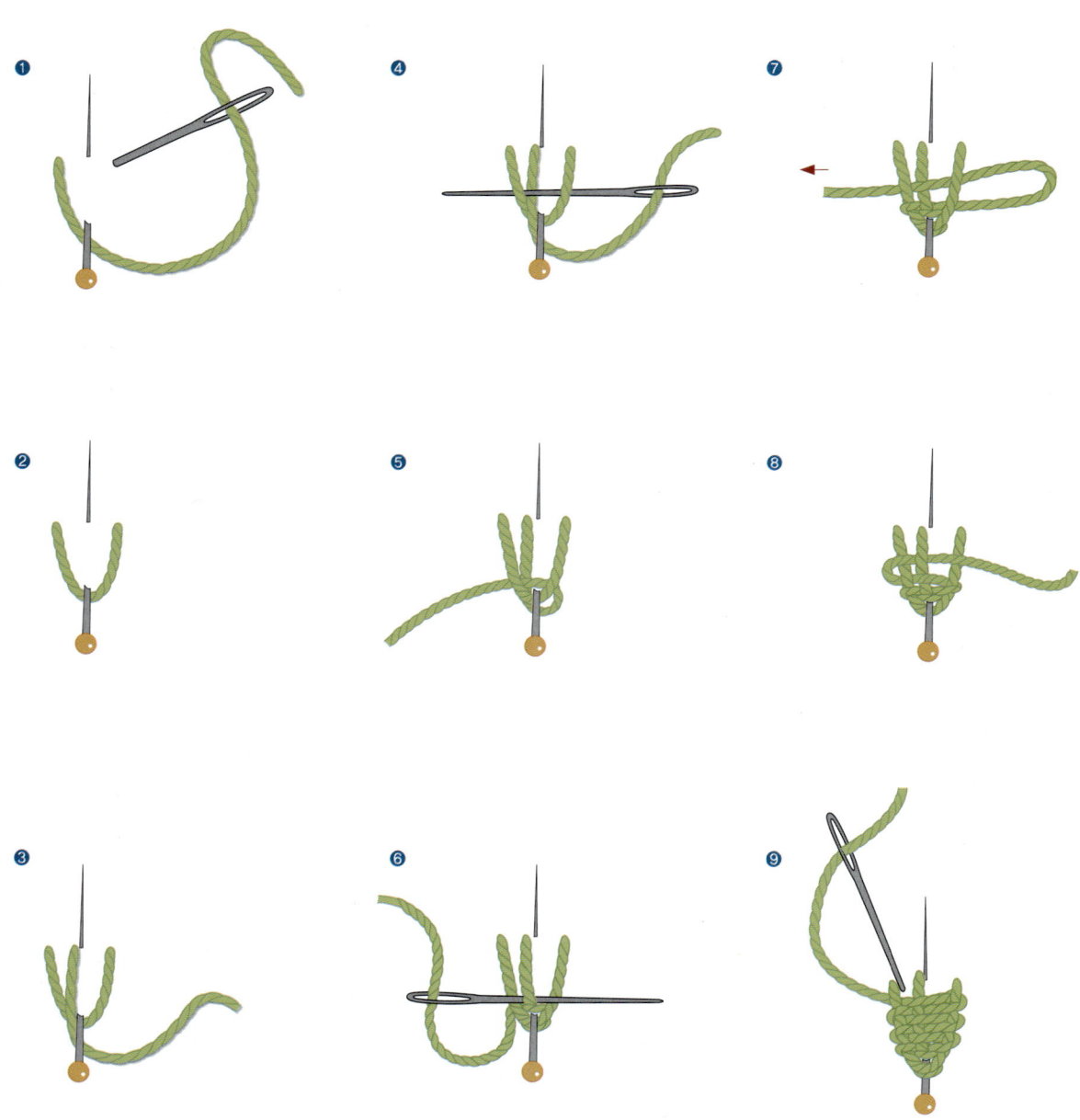

스미르나 스티치
Smyrna Stitch

왼쪽에서 오른쪽으로 진행하며 백 스티치의 형태로 되돌아가며 스티치하되
한 번은 느슨하게, 한 번은 당겨주는 것을 반복하며 수술 모양을 만들어준다.
풍성한 입체 꽃, 털옷, 동물의 털 등으로 쓰이기도 하고, 빽빽하게 수를 놓아 윗면을 잘라 술 장식으로 쓰이기도 한다.

와이어 스티치
Wire Stitch

와이어를 원하는 형태로 성형하여, 와이어에 촘촘히 버튼홀 스티치로 고정한다.
안쪽에 롱 앤드 쇼트 스티치나 새틴 스티치 등으로 면을 메워준 뒤, 바느질한 실이 잘리지 않도록 유의하면서 천을 바짝 잘라준다.
다른 천에 와이어를 끼워 천에 고정한다. 입체적인 꽃이나, 잎사귀를 표현한다. 독립적인 꽃송이를 만들기도 한다.

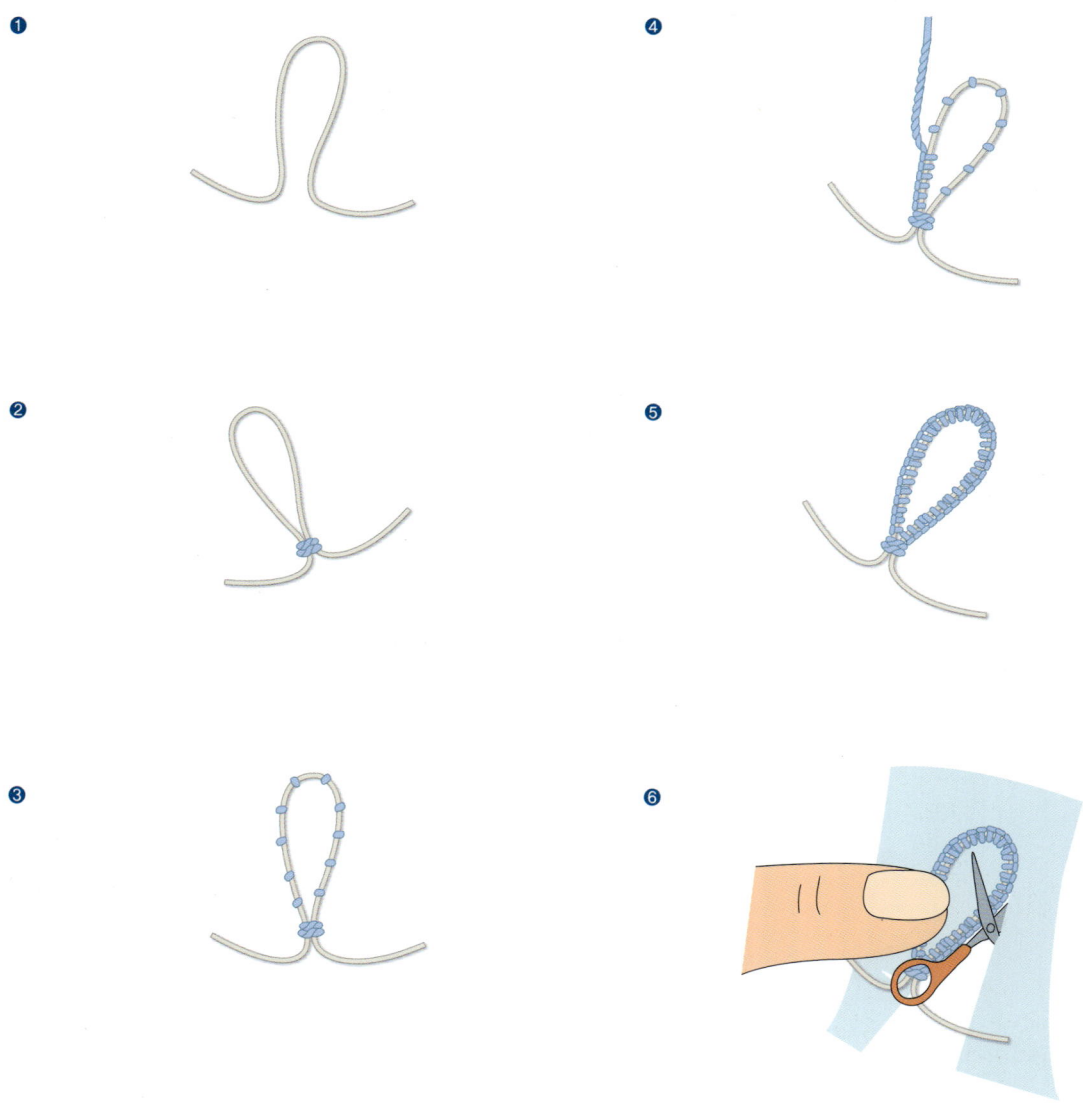

레이즈드 컵 스티치
Raised Cup Stitch

버튼홀 스티치를 해준 뒤, 위로 실을 감아올려 한 단이나 두 단을 쌓아주어 입체적인 꽃을 표현한다. 또 꽃의 수술, 바구니를 표현할 때도 쓰인다.

랩핑 비즈 스티치
Rapping Beads Stitch

비즈에 실을 위아래로 반복하며 감싸주어 만든다. 입체적인 열매를 표현할 때 쓰인다.

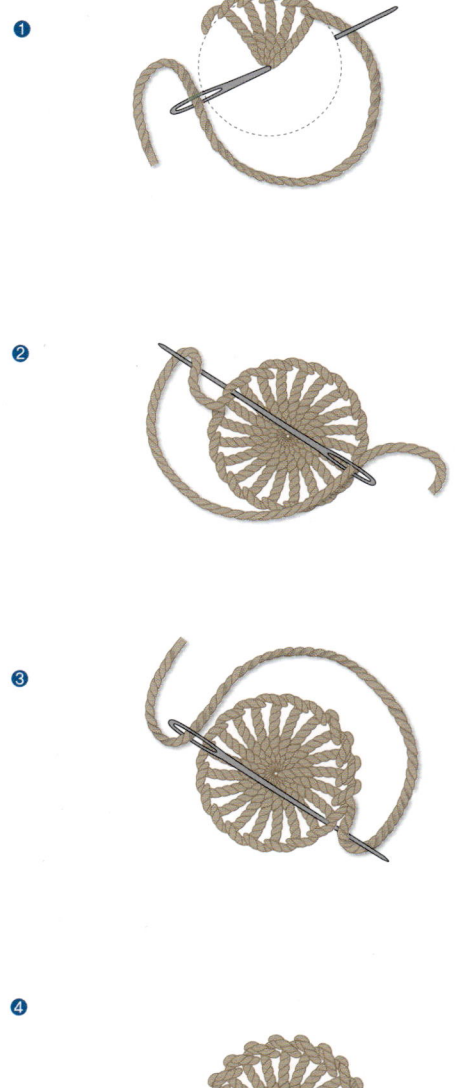
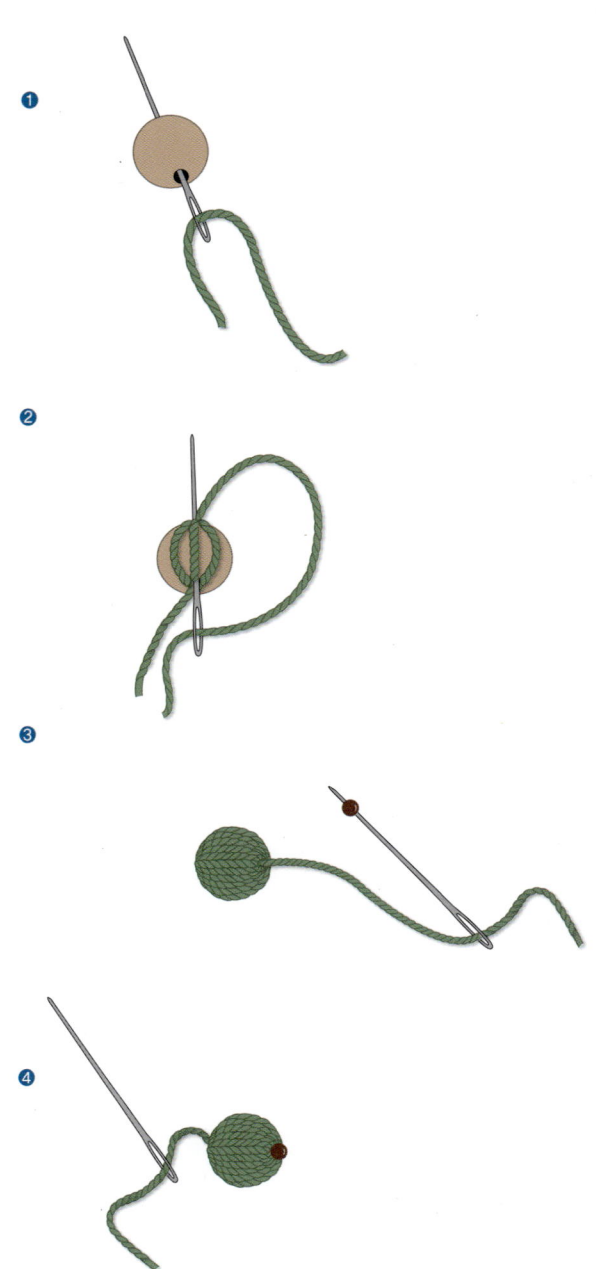

플라워 스티치
Flower Stitch

입체적인 꽃을 표현하는 스티치로, 카네이션이나 엉겅퀴 꽃을 표현할 때 주로 쓰인다.
실을 여러 번 감아 묶어 고정시킨 뒤, 밑동이 되는 부분을 오픈 버튼홀 필링 스티치를 해준다.
버튼 스티치나 레이즈드 버튼홀 스티치로 해주어도 무방하다.

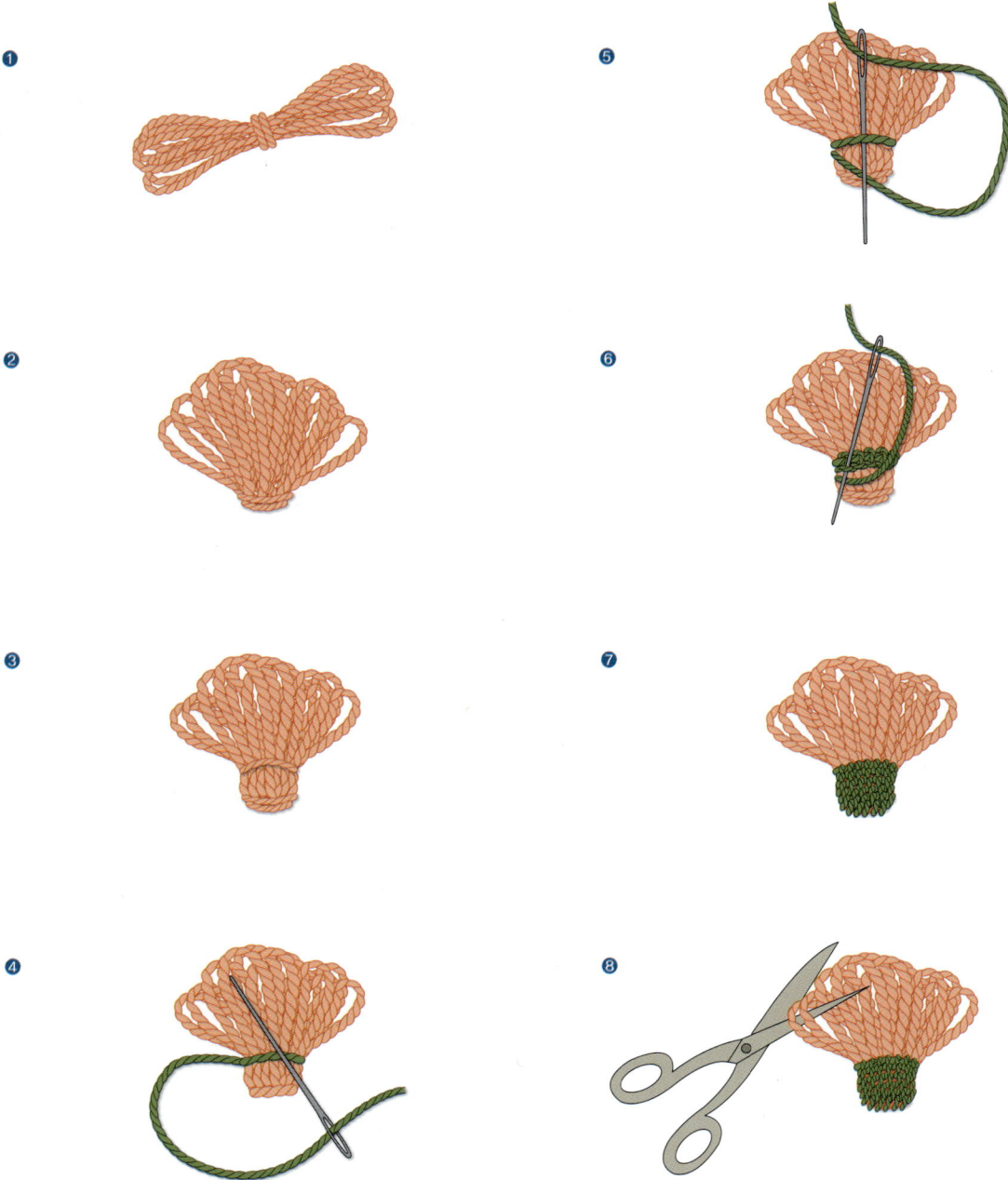

K.Blue's Embroidery

Stitch Book
by
K.Blue

나만의 스티치북 만들기

자주 사용하는 스티치를 모아 나만의 스티치북을 만들어보세요.
여기 소개하는 스티치북은 DMC 25번사 3가닥으로 스티치를 놓았어요
(카우칭 스티치는 6가닥을 사용했습니다).

STITCH BOOK

K.Blue's Embroidery

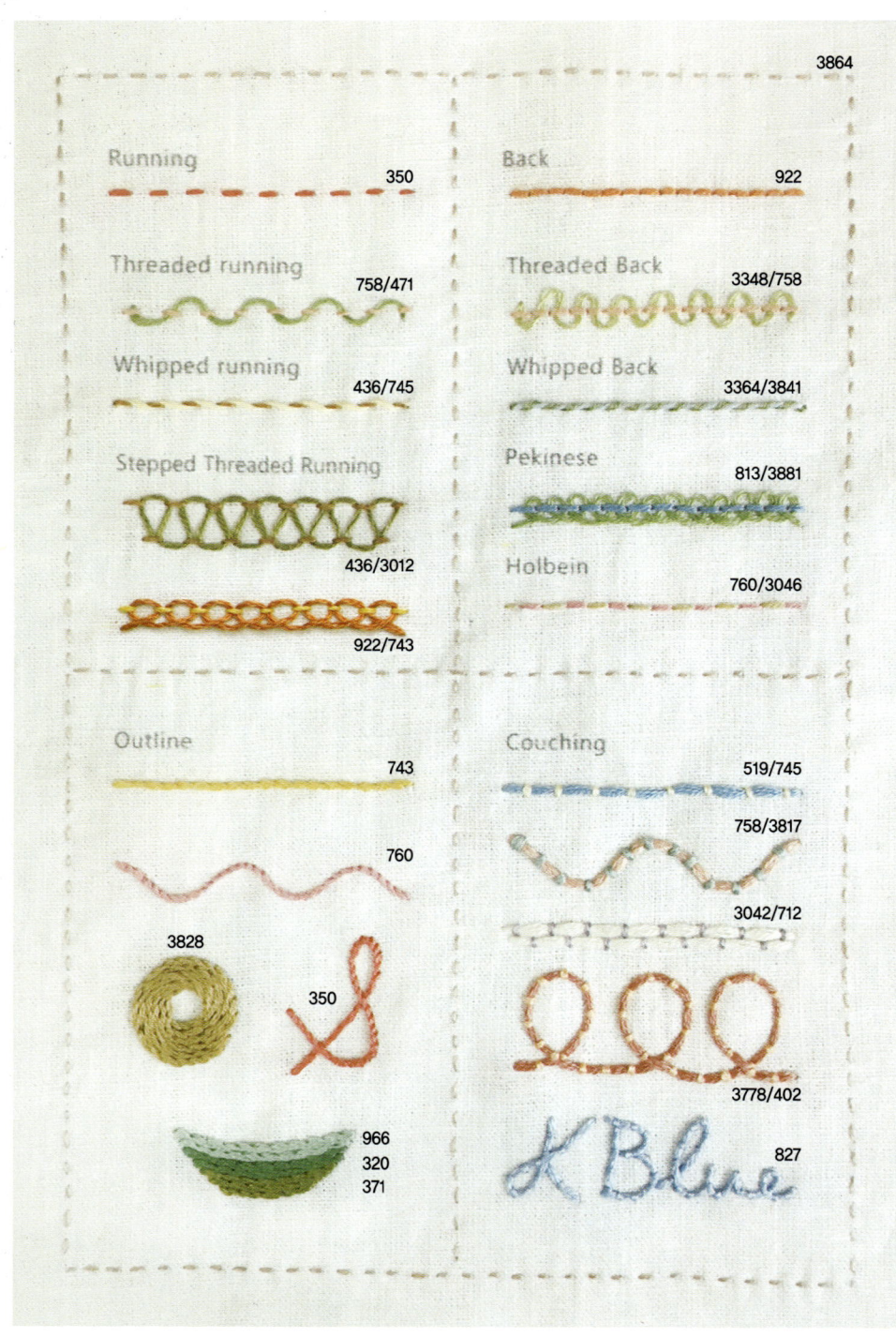

Page 1 (top image)

Running	Back
Threaded running	Threaded Back
Whipped running	Whipped Back
Stepped Threaded Running	Pekinese
	Holbein

| Outline | Couching |

L Blue

Page 2 (bottom image)

Fly	Cross	Leaf	Flat	Spider web rose
				Whipped spider wheel
	Straight	Seed	Fishbone	Cretan	Rosette
Fern				

Satin	Long & Short	Bullion	Bullion knot	Caston
Satin stitch dart				Double Caston
	Free	Bullion lazydaisy	Bullion Rose	
Granitos				Bundle

French knot

Colonial knot

German knot

Cable

Lazydaisy

Double Lazydaisy

Buttonhole

Circle Buttonhole

Braid

Wheatear

Rope

Coral

Scrol

Feather	Herringbone
Double Feather	Double Herringbone
Closed Feather	Chevron
	Double Chevron
Chain	Couched trellis
Whipped Chain	Basket
Back Chain	Burden
Cable Chain	
Hungarian Braided Chain	

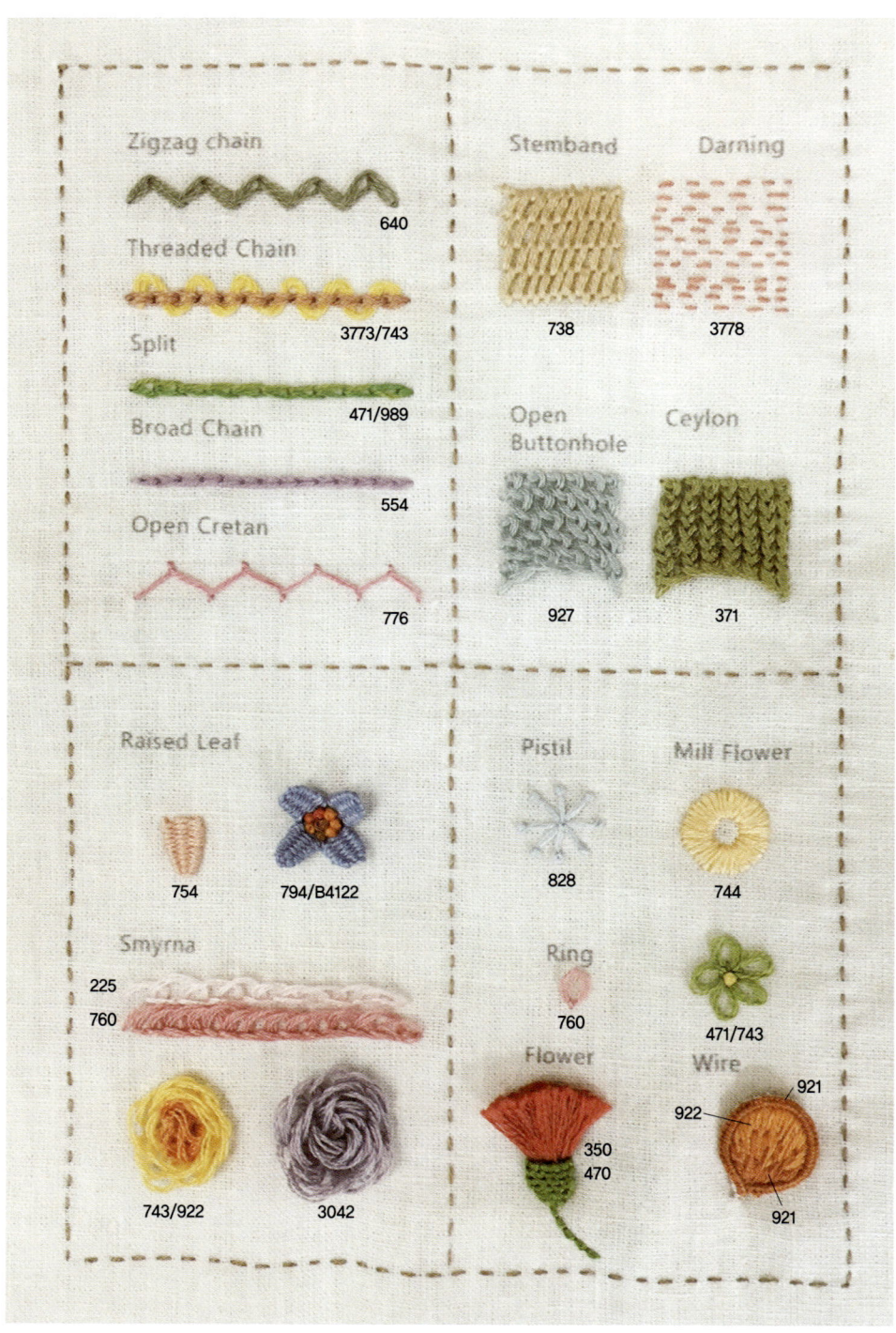

사용한 실 DMC 25번사 : 351, 436, 743, 780, 3052, 3862

사용한 스티치 레이지 데이지 스티치, 백 스티치, 아우트라인 스티치, 체인 스티치, 크로스 스티치, 프렌치 노트 스티치, 플라이 스티치

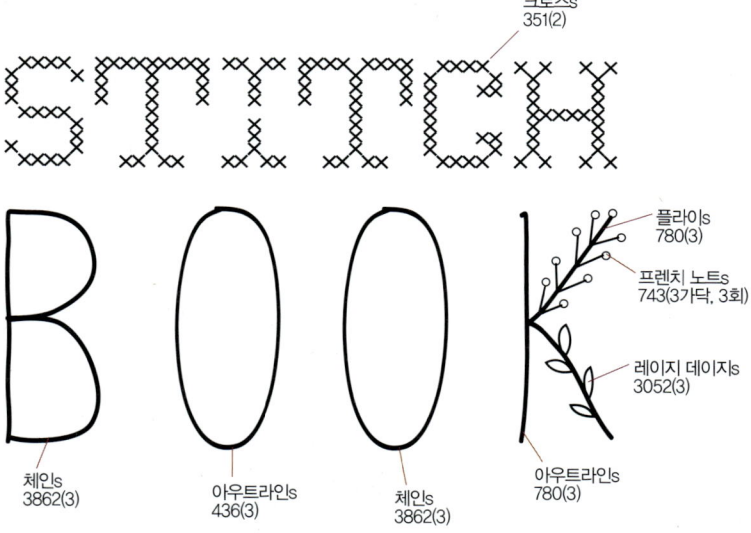

크로스s
351(2)

플라이s
780(3)

프렌치 노트s
743(3가닥, 3회)

레이지 데이지s
3052(3)

아우트라인s
780(3)

체인s
3862(3)

아우트라인s
436(3)

체인s
3862(3)

백s/레이지 데이지s
3052(3)

백s
780(3)

K.Blue's Embroidery

How to Make

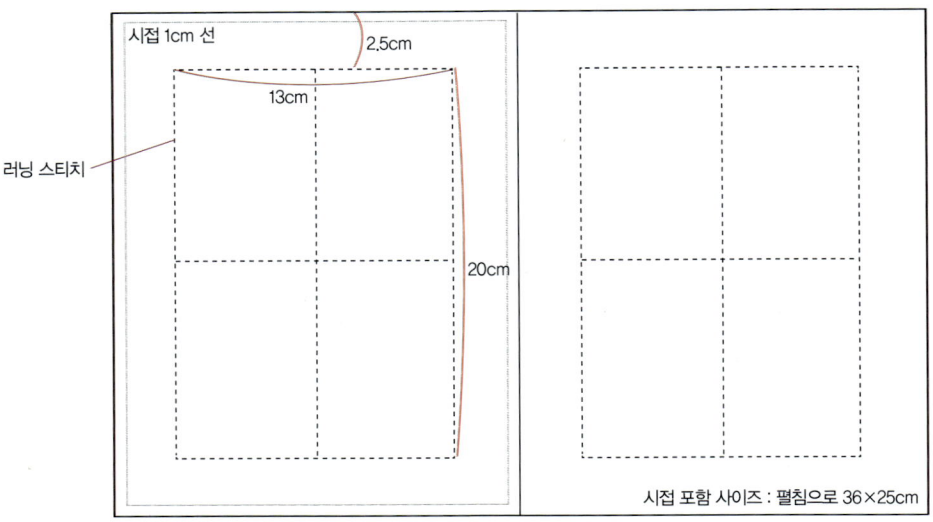

❶ 그림과 같은 사이즈로 재단을 하고, 바둑판 라인을 그려준 뒤, 안쪽에 각각의 스티치를 완성해주세요.
❷ 겉과 겉끼리 맞대어 창구멍을 남기고 시접 1cm로 박음질해주세요.

❸ 창구멍을 공그르기 해주세요.

❹ 나머지 것들도 똑같이 박아줍니다. 앞뒤로 6페이지로 총 3장이 됩니다. 순서대로 한 장씩 옆면을 공그르기 하여 붙여줍니다.

How to Make

❺ 표지는 펼침면 그대로 수놓아진 겉면과 뒷지로 사용할 다른 패브릭의 겉면을 맞대어 창구멍을 남기고
시접 1cm로 박음질해줍니다. 남겨진 창구멍으로 뒤집은 후 공그르기 해줍니다.

❻ 표지 안쪽 면에 3장을 중앙에 잘 배치하고, 뚜껑을 덮어 보고 위치를 확인한 후
앞장과 뒷장의 옆면을 표지의 중앙에 놓고 공그르기 해주세요.

Work
by
K.Blue

스티치를 응용한 작품

K.Blue's Embroidery 01

스티치 액자

자수 준비

사용한 실 DMC 25번사 : white, 223, 322, 349, 434, 471, 472, 519, 553, 581, 603, 813, 721, 726, 742, 743, 761, 783, 826, 921, 922, 963, 986, 987, 989, 3347, 3830, 3841

사용한 스티치 더블 레이지 데이지 스티치, 더블 셰브론 스티치, 더블 크로스 스티치, 더블 헤링본 스티치, 러닝 스티치, 레이지 데이지 스티치, 백 스티치, 번들 스티치, 새틴 스티치, 셰브론 스티치, 스레디드 러닝 스티치, 스트레이트 스티치, 아우트라인 스티치, 카우칭 스티치, 크로스 스티치, 펀 스티치, 페키니즈 스티치, 프렌치 노트 스티치, 프리 스티치, 플라이 스티치, 헤링본 스티치, 홀바인 스티치, 휘프트 러닝 스티치, 휘프트 백 스티치

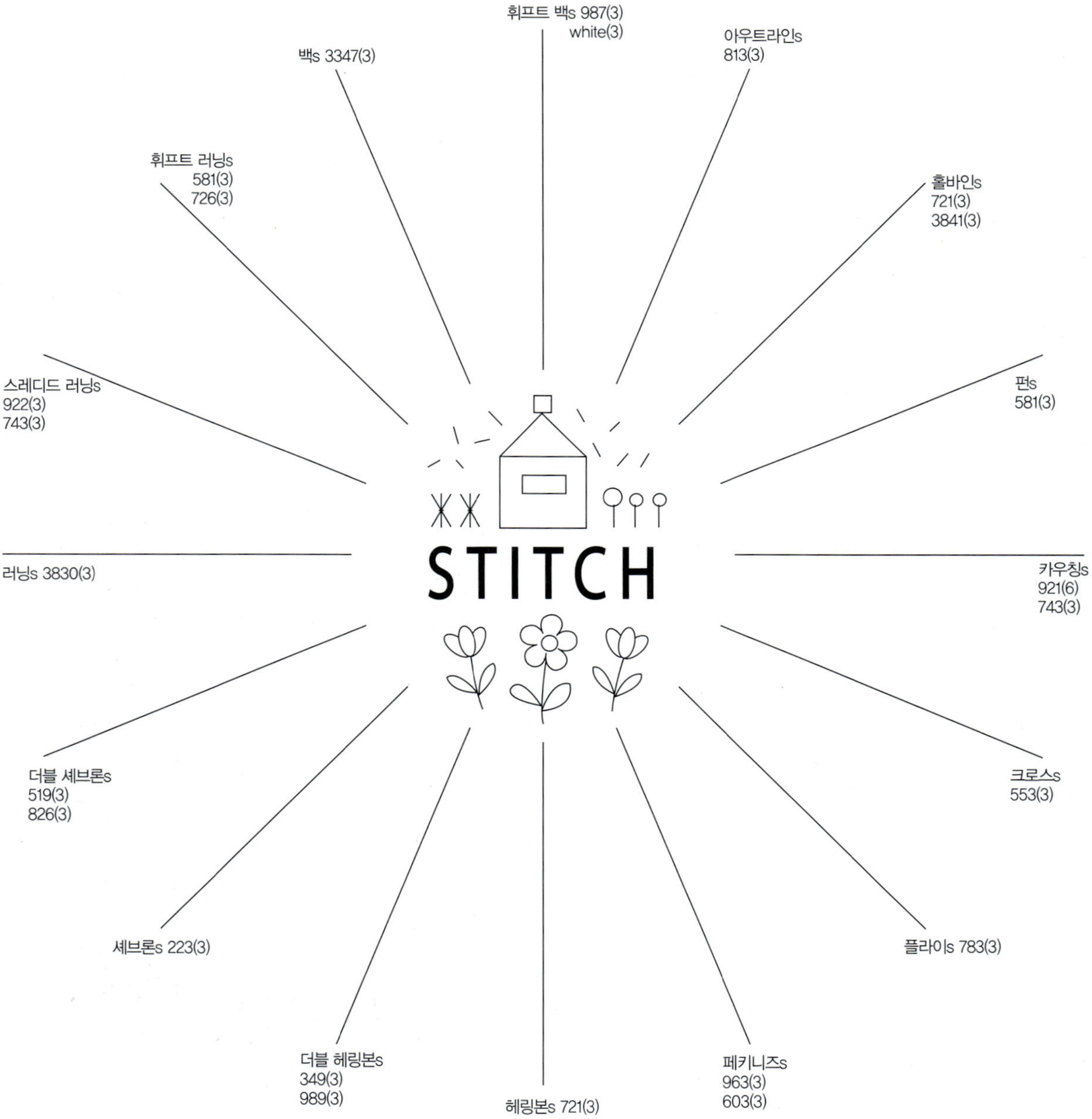

휘프트 백s 987(3)
white(3)

아우트라인s
813(3)

백s 3347(3)

홀바인s
721(3)
3841(3)

휘프트 러닝s
581(3)
726(3)

펀s
581(3)

스레디드 러닝s
922(3)
743(3)

러닝 3830(3)

카우칭s
921(6)
743(3)

더블 셰브론s
519(3)
826(3)

크로스s
553(3)

셰브론s 223(3)

플라이s 783(3)

더블 헤링본s
349(3)
989(3)

페키니즈s
963(3)
603(3)

헤링본s 721(3)

112

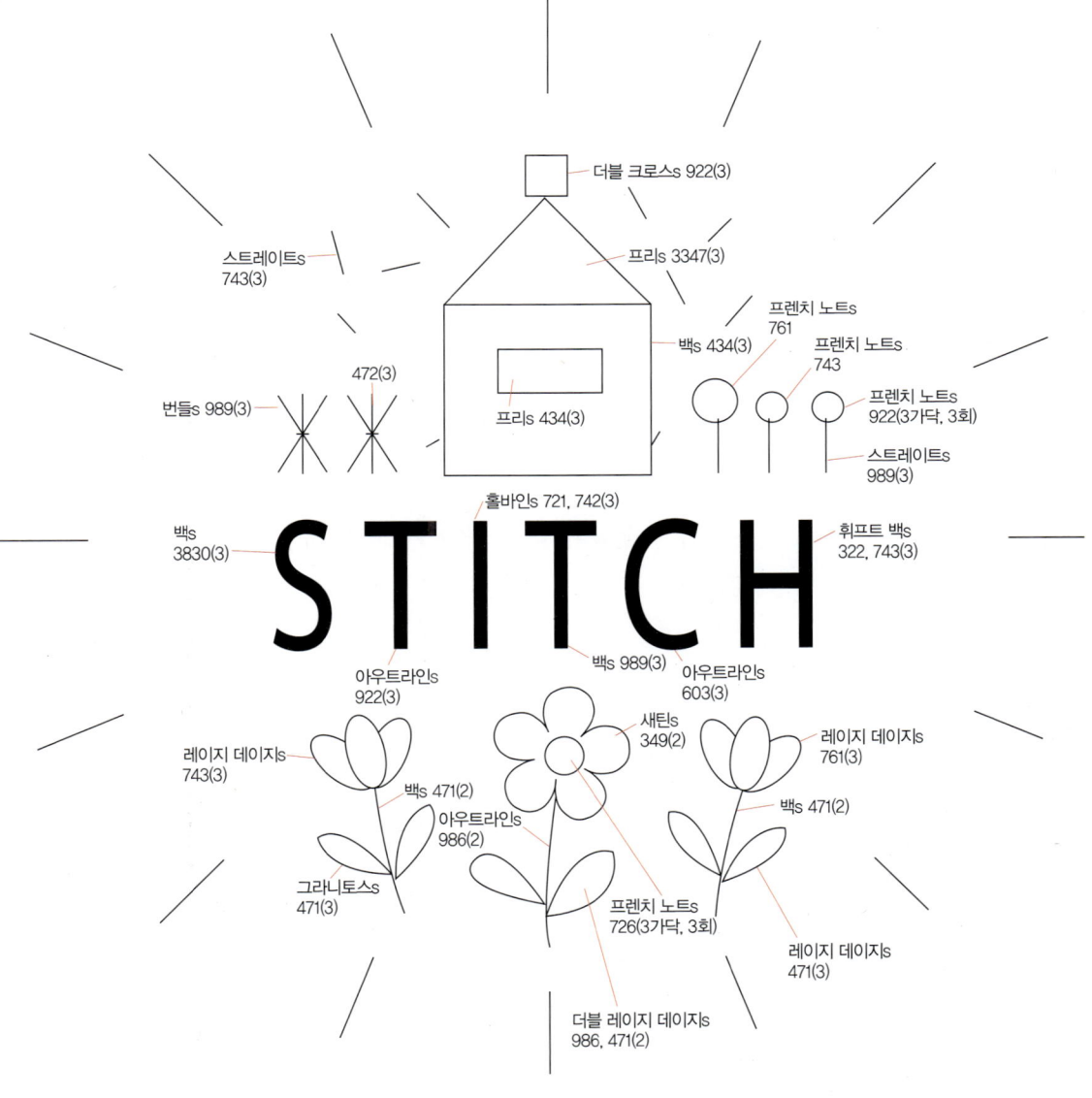

STITCH

K.Blue's Embroidery 02

파란 손수건

사용한 실   DMC 25번사 : 803
사용한 가닥 수   3가닥
사용한 스티치   그라니토스 스티치, 레이지 데이지 스티치, 블리온 스티치, 아우트라인 스티치, 플라이 스티치

프렌치 노트s(3회)
플라이s
레이지 데이지s
아우트라인s
그라니토스s
블리온s

K.Blue's Embroidery 03

소녀의 뒷모습

자수 준비

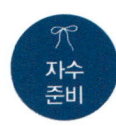

사용한 실 DMC 25번사 : 3051

사용한 가닥 수 2가닥

사용한 스티치 러닝 스티치, 레이지 데이지 스티치, 백 스티치, 새틴 스티치, 아우트라인 스티치, 체인 스티치, 프렌치 노트 스티치

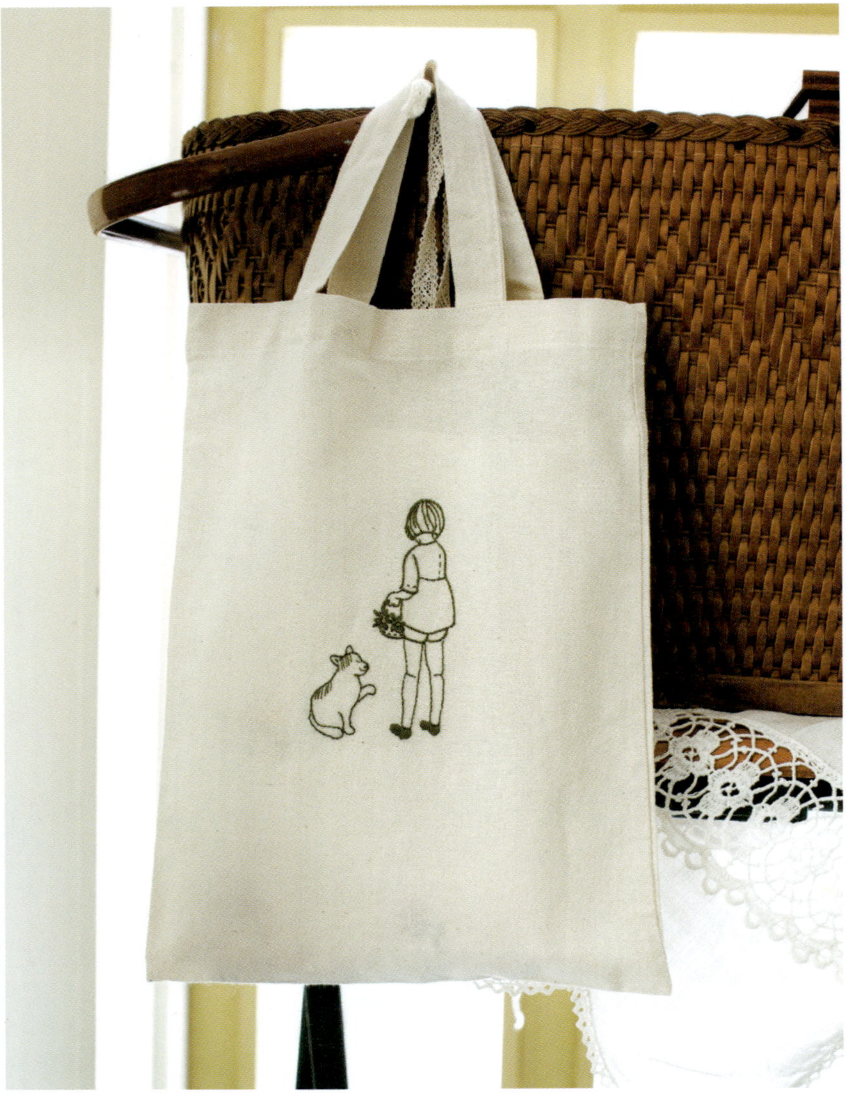

실물 크기 도안

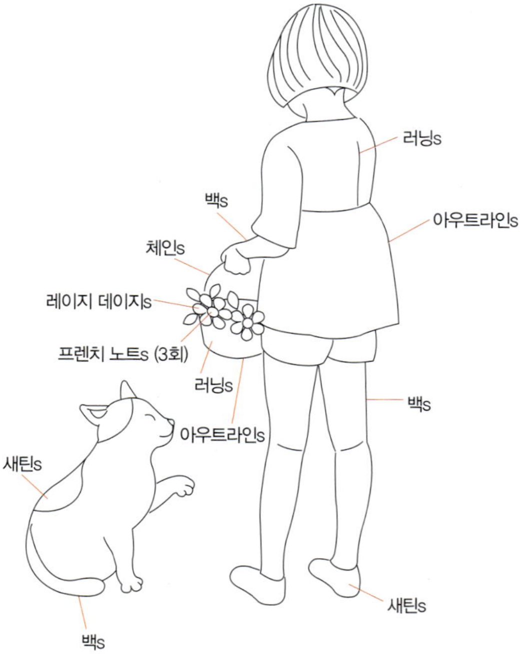

K.Blue's Embroidery 04

빨간색 자수 액자

자수 준비	**사용한 실**	DMC 25번사 : 350
	사용한 가닥 수	3가닥
	사용한 스티치	그라니토스 스티치, 레이지 데이지 스티치, 백 스티치, 브로큰 체인 스티치, 스트레이트 스티치, 아우트라인 스티치, 체인 스티치, 카우치트 트렐리스 스티치, 캐스트 온 스티치, 프렌치 노트 스티치, 플라이 스티치, 하프 서클 버튼홀 스티치

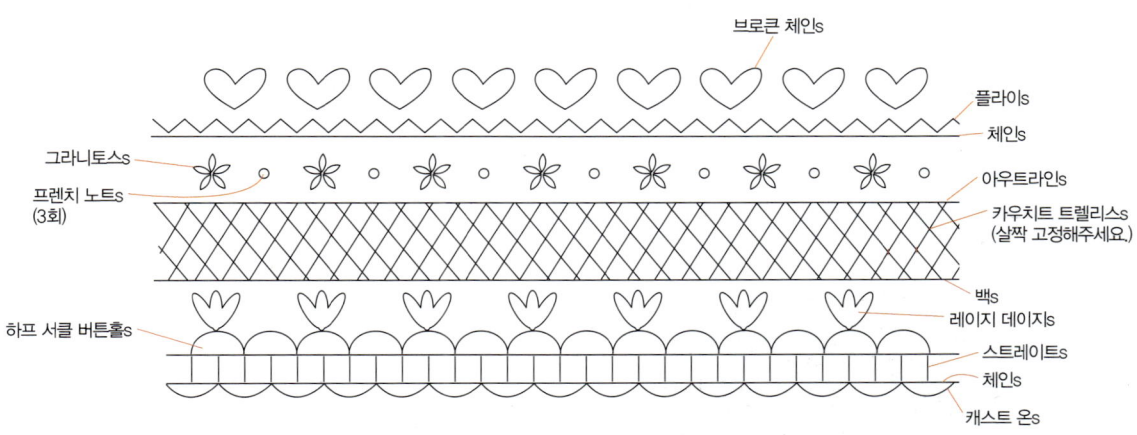

K.Blue's Embroidery 05

꽃덮개

사용한 실   DMC 25번사 : 350, 368, 471, 553, 744, 772, 776, 813, 828, 3853
사용한 가닥 수   3가닥
사용한 스티치   더블 레이지 데이지 스티치, 러닝 스티치, 새틴 스티치, 아우트라인 스티치

더블 레이지 데이지s
350(3)

새틴s
744(3)

세로 선
러닝s 772(3)

더블 레이지 데이지s
3853(3)

새틴s
744(3)

가로 선
러닝s 368(3)

더블 레이지 데이지s
813(3)

새틴s
3853(3)

더블 레이지 데이지s
553(3)

더블 레이지 데이지s
776(3)

더블 레이지 데이지s
744(3)

더블 레이지 데이지s
828(3)

더블 레이지 데이지s
471(3)

새틴s
3853(3)

새틴s
744(3)

아우트라인s
471(3)

새틴s
350(3)

새틴s
368(3)

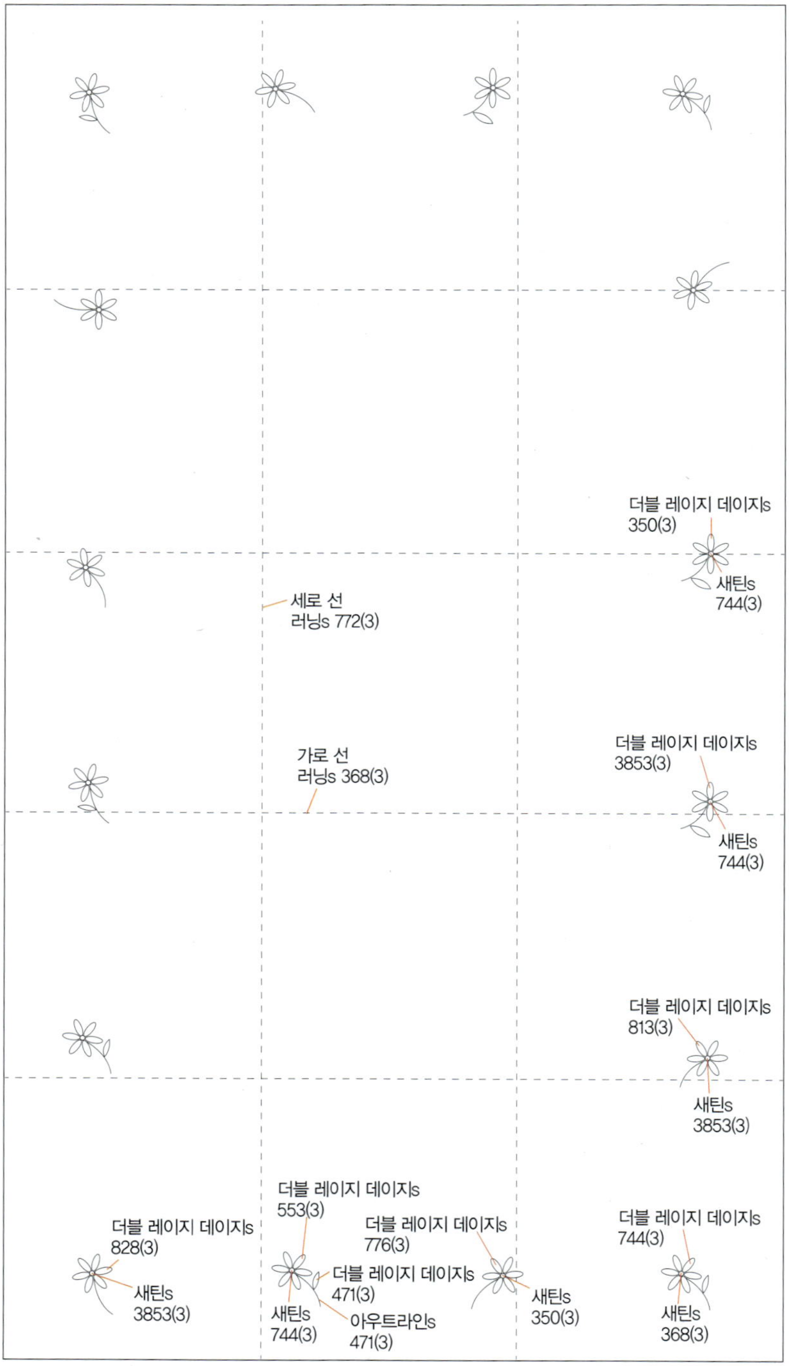

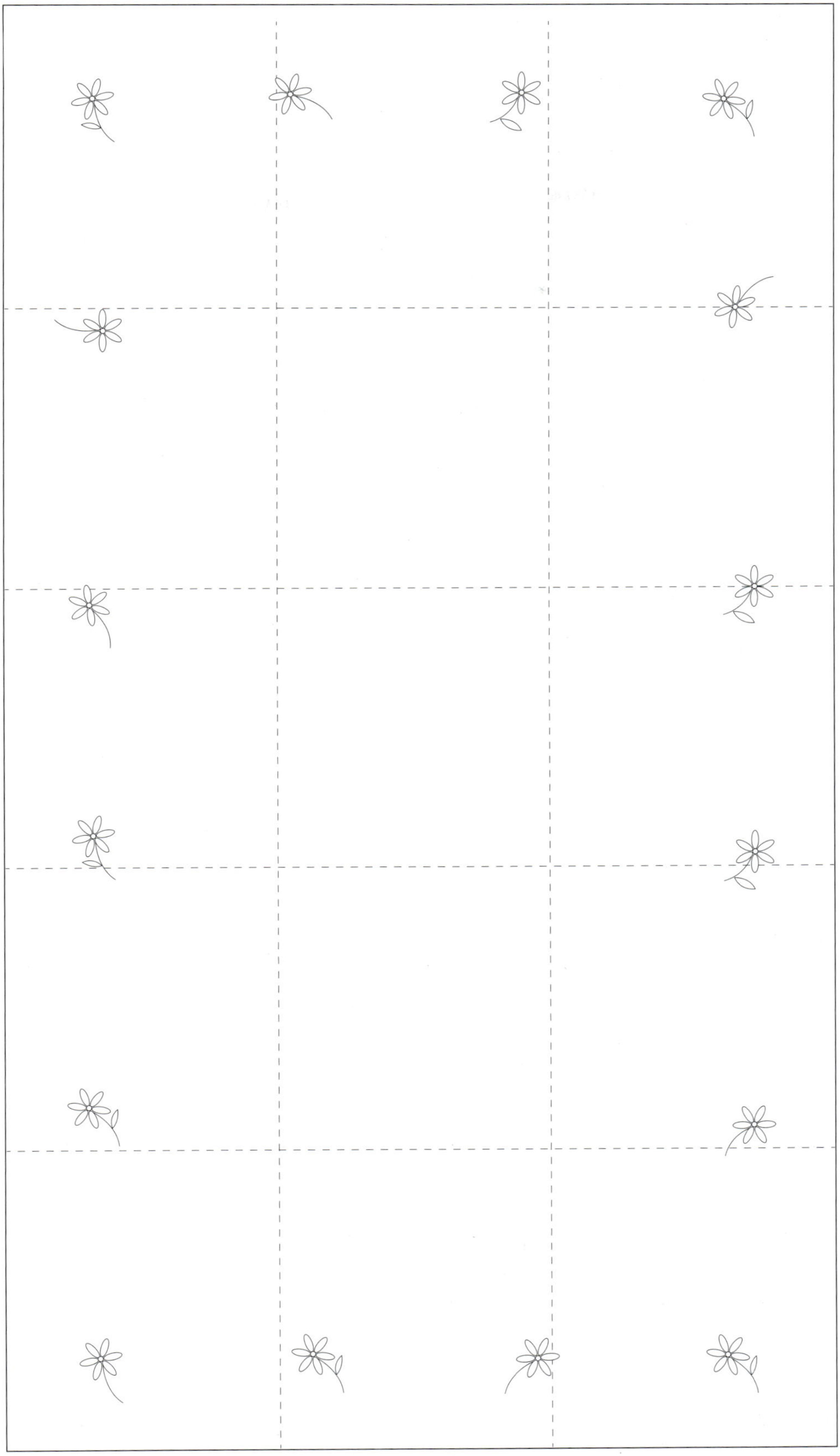

133

K.Blue's Embroidery 06

브로치를 위한 도안

자수 준비

사용한 실　DMC 25번사 : white, 367, 469, 471, 704, 728, 760, 793, 794, 819, 920, 922, 3347, 3766, 3779, 3781, 3865
메탈릭사 : 4024
베리에이션사 : 4066, 4122

사용한 스티치　러닝스티치, 레이지 데이지 스티치, 백 스티치, 블리온 노트 스티치, 블리온 로즈 스티치, 블리온 스티치, 새틴 스티치, 스트레이트 스티치, 스크롤 스티치, 스파이더 웹 로즈 스티치, 아웃라인 스티치, 체인 스티치, 프렌치 노트 스티치, 프리 스티치, 플라이 스티치, 플랫 스티치

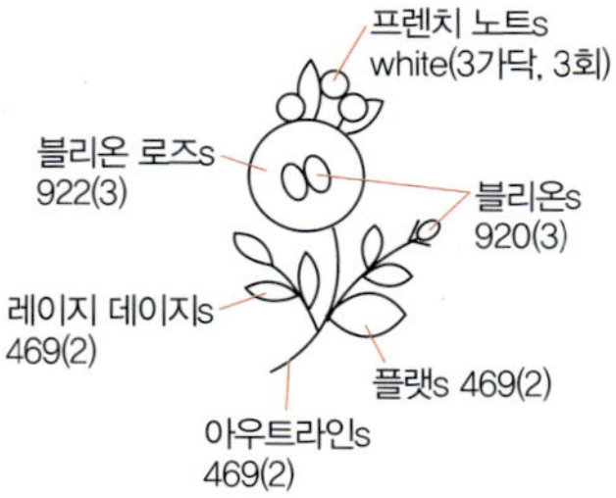

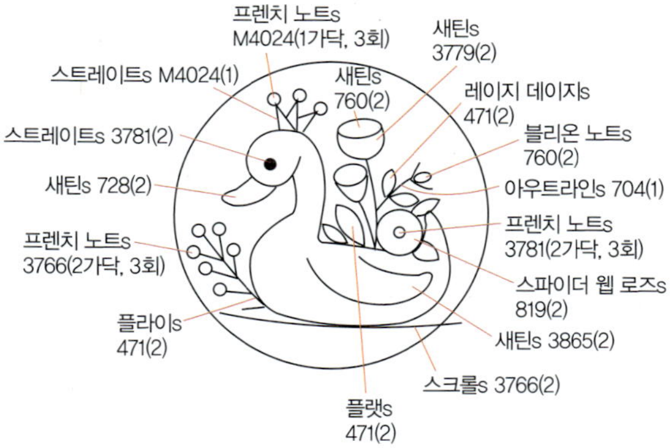

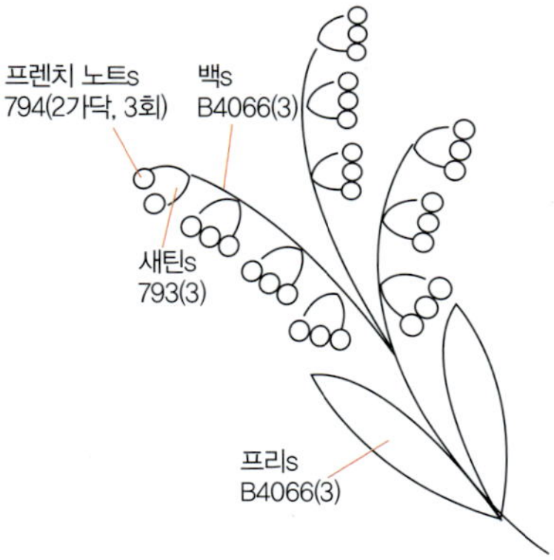

프렌치 노트s
white(3가닥, 2회)
백s white(2)
체인s white(3)
플라이s white(2)
러닝s(2)
아웃라인s white(2)
레이지 데이지s white(2)
플라이s white(2)

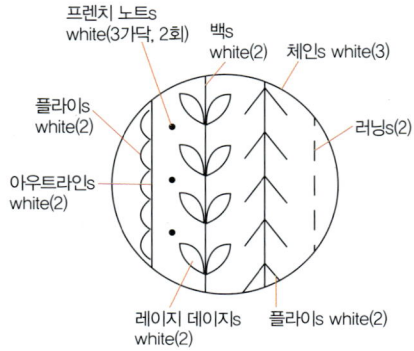

프렌치 노트s white(3가닥, 3회)
블리온 로즈s 922(3)
블리온s 920(3)
레이지 데이지s 469(2)
플랫s 469(2)
아웃라인s 469(2)

프렌치 노트s M4024(1가닥, 3회)
새틴s 3779(2)
스트레이트s M4024(1)
새틴s 760(2)
레이지 데이지s 471(2)
새틴s 728(2)
블리온 노트s 760(2)
아웃라인s 704(1)
프렌치 노트s 3766(2가닥, 3회)
스트레이트s 3781(2가닥, 3회)
스파이더 웹 로즈s 819(3)
플라이s 471(2)
새틴s 3865(2)
플랫s 471(2)
스크롤s 3766(2)

프렌치 노트s 794(2가닥, 3회)
백s B4066(3)
새틴s 793(3)
프리s B4066(3)

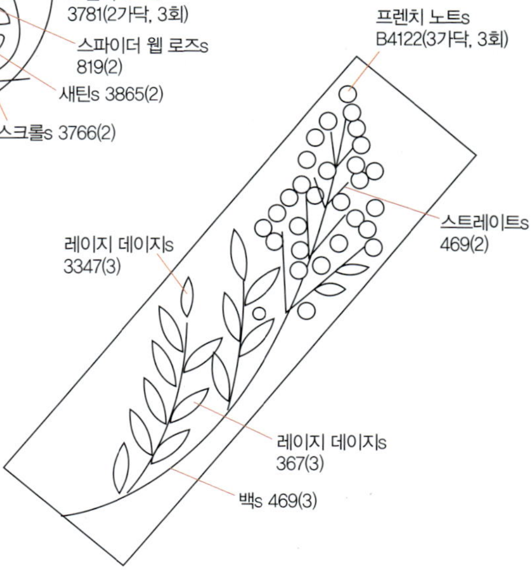

프렌치 노트s B4122(3가닥, 3회)
레이지 데이지s 3347(3)
스트레이트s 469(2)
레이지 데이지s 367(3)
백s 469(3)

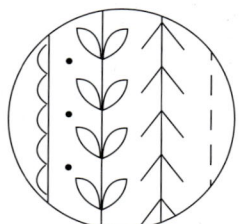

K.Blue's Embroidery 07
파우치를 위한 도안

자수 준비

사용한 실 DMC 25번사 : white, 301, 433, 435, 580, 640, 676, 712, 739, 744, 839, 904, 920, 976, 977, 3051, 3053, 3776, 3862, 3865, 3881

사용한 스티치 그라니토스 스티치, 레이지 데이지 스티치, 백 스티치, 블리온 스티치, 새틴 스티치, 스트레이트 스티치, 아웃트라인 스티치, 체인 스티치, 프렌치 노트 스티치, 프리 스티치, 플라이 스티치, 휘프트 체인 스티치

실물 크기
도안

스트레이트s 433(1)
백s 433(1)
새틴s 977(3)
새틴s 3776(3)
면 : 프리s 3865(3)
선 : 백s 3865(3)
백s 301(3)
플라이s 920(3)
백s 301(3)
휘프트 백s
301, 739(3)
새틴s
839(3)
프리s
위에서부터
3053, 580,
3051(3)
체인s
739(3)
새틴s
712(3)
새틴s
435(2)
아우트라인s
435(1)
새틴s
676(3)
블리온s
435(2)

프렌치 노트s
976(3가닥, 4회)
프렌치 노트s
744(3가닥, 3회)
레이지 데이지s
904(3)
새틴s white(3)
새틴s
640(3)
그라니토스s
3881(2)
백s
3881(2)
휘프트 체인s
white, 3862(4)

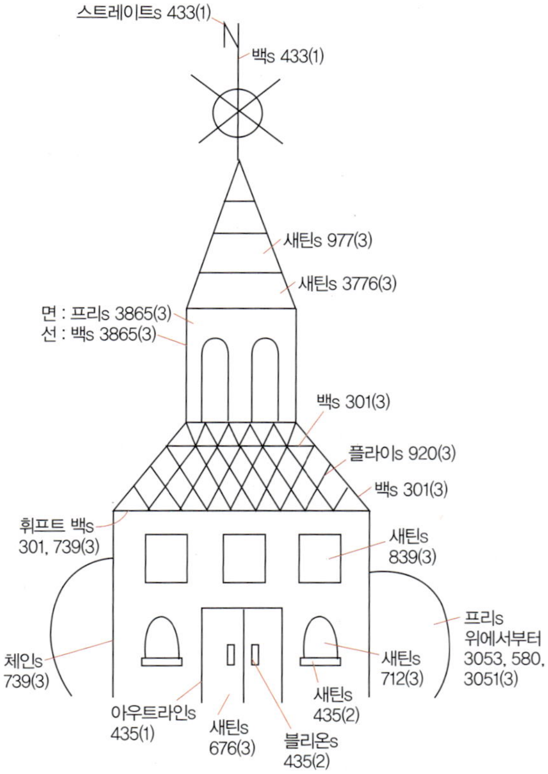

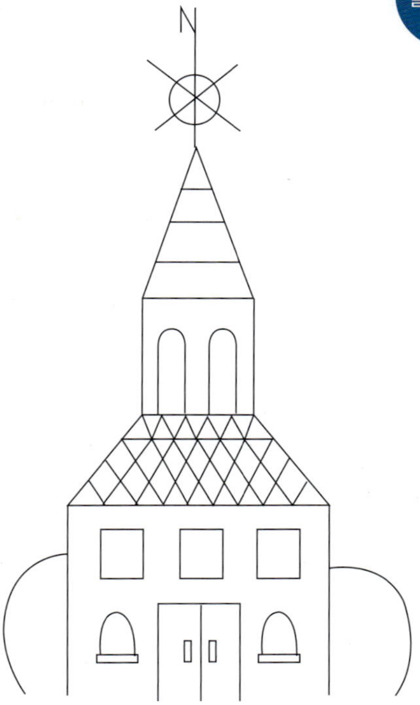

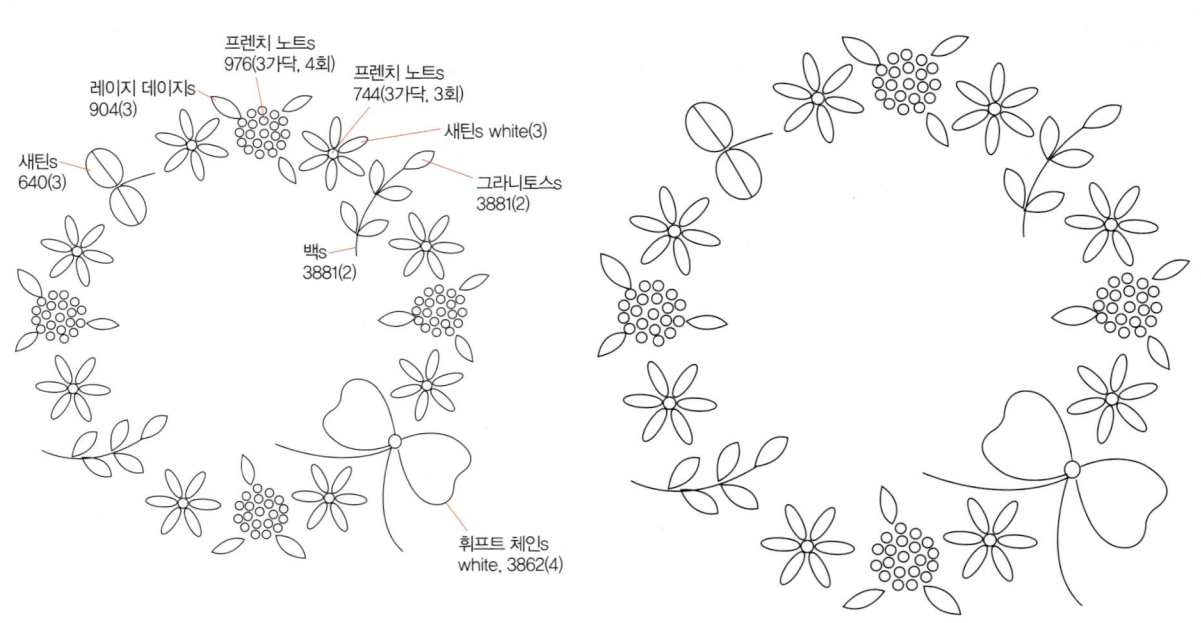

K.Blue's Embroidery 08

심플 스티치 도안

사용한 실 DMC 25번사 : white, 311, 312, 320, 350, 368, 372, 433, 434, 436, 452, 601, 610, 632, 640, 645, 758, 801, 827, 840, 931, 976, 3031, 3041, 3052, 3325, 3362, 3363, 3776, 3829, 3863

사용한 스티치 다닝 스티치, 러닝 스티치, 레이지 데이지 스티치, 바스켓 스티치, 백 스티치, 블리온 로즈 스티치, 블리온 스티치, 새틴 스티치, 서클 버튼홀 스티치, 스트레이트 스티치, 아우트라인 스티치, 체인 스티치, 카우치트 트렐리스 스티치, 크로스 스티치, 프리 스티치, 휘프트 백 스티치

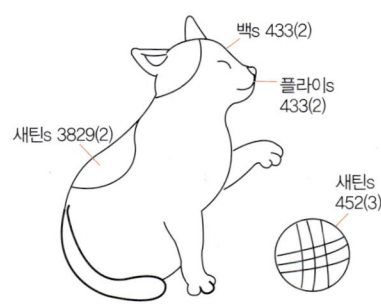

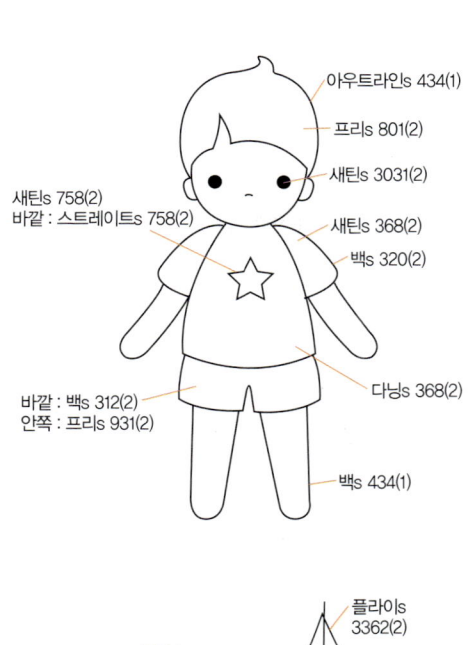

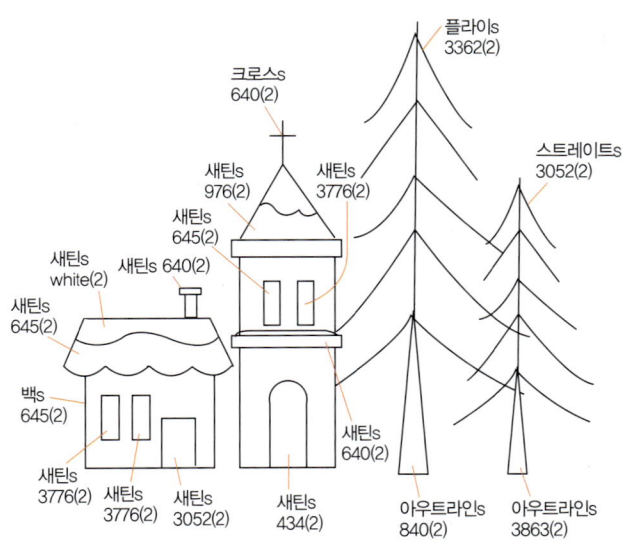

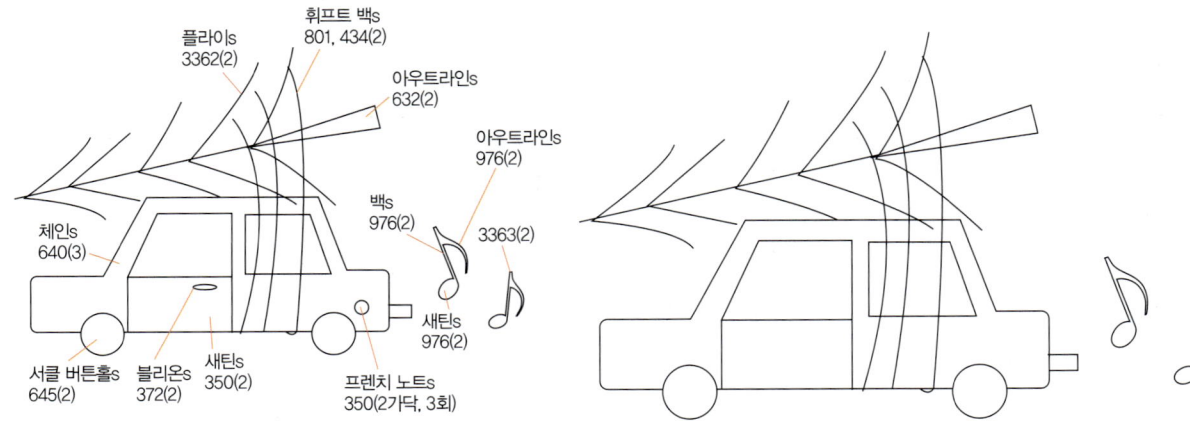

K.Blue's Embroidery 09

안경집

자수 준비

사용한 실 DMC 25번사 : white, 322, 471, 794, 803, 840, 931, 3346, 3776, 3881
DMC 25번 베리에이션사 : 4065

사용한 스티치 레이지 데이지 스티치, 롱앤드쇼트 스티치, 백 스티치, 새틴 스티치, 스트레이트 스티치, 아우트라인 스티치, 저먼 노트 스티치, 프렌치 노트 스티치, 플라이 스티치, 플랫 스티치, 피스틸 스티치

150

K.Blue's Embroidery 10

작고 동그란 자수

자수 준비

사용한 실	DMC 25번사 : white, 225, 351, 436, 469, 470, 472, 519, 543, 676, 728, 734, 758, 778, 801, 922, 932, 963, 976, 3031, 3776, 3820, 3841, 3853, 3862, 3865, 3881 DMC 25번 베리에이션사 : 4068 메탈릭사 : 4024 덴마크꽃실 : 0, 21, 48, 212, 229, 302, 705, 727
기타 재료	금색 비즈, 녹색 비즈
사용한 스티치	레이지 데이지 스티치, 블리온 로즈 스티치, 리프 스티치, 백 스티치, 새틴 스티치, 스트레이트 스티치, 스파이더 웹 로즈 스티치, 아우트라인 스티치, 체인 스티치, 프렌치 노트 스티치, 프리 스티치, 플라이 스티치, 휘프트 러닝 스티치

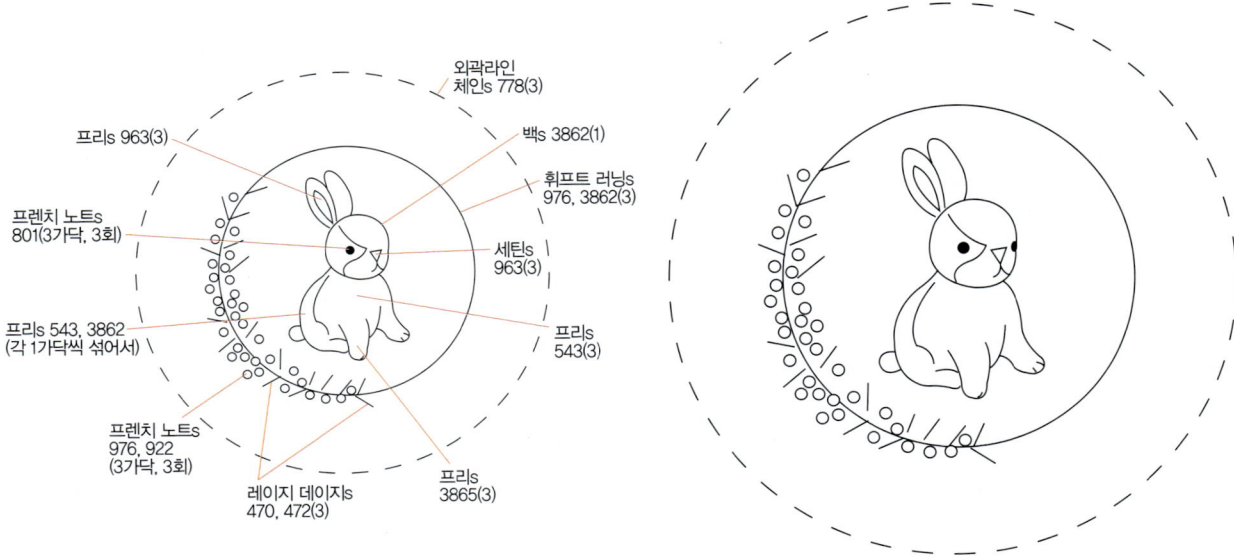

7.5cm 마카롱 지갑

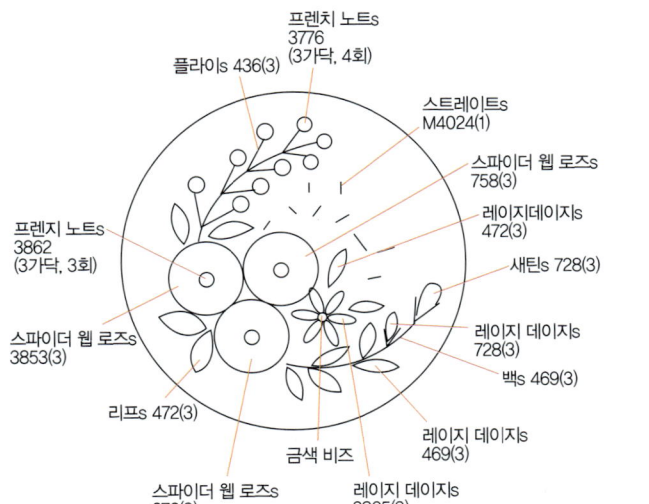

5cm 원형 브로치

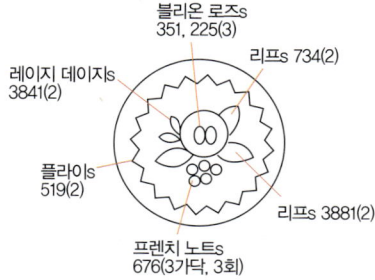

블리온 로즈s
351, 225(3)

레이지 데이지s
3841(2)

리프s 734(2)

플라이s
519(2)

리프s 3881(2)

프렌치 노트s
676(3가닥, 3회)

가방 걸이

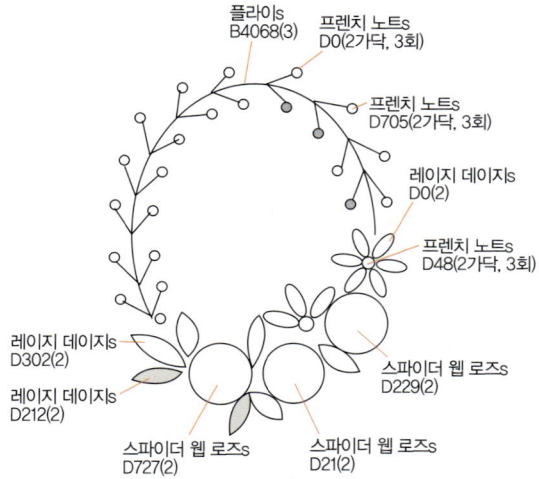

플라이s
B4068(3)

프렌치 노트s
D0(2가닥, 3회)

프렌치 노트s
D705(2가닥, 3회)

레이지 데이지s
D0(2)

프렌치 노트s
D48(2가닥, 3회)

레이지 데이지s
D302(2)

레이지 데이지s
D212(2)

스파이더 웹 로즈s
D229(2)

스파이더 웹 로즈s
D727(2)

스파이더 웹 로즈s
D21(2)

※D 표기는 덴마크 꽃실입니다.

양면 거울

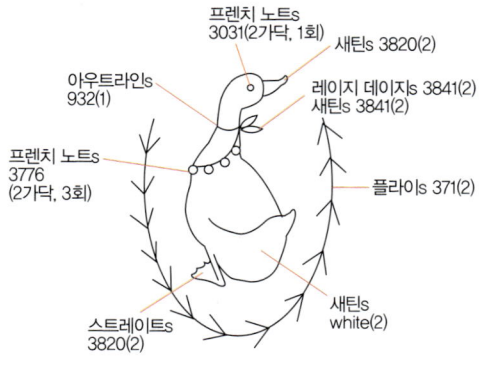

프렌치 노트s
3031(2가닥, 1회)

새틴s 3820(2)

아우트라인s
932(1)

레이지 데이지s 3841(2)
새틴s 3841(2)

프렌치 노트s
3776
(2가닥, 3회)

플라이s 371(2)

스트레이트s
3820(2)

새틴s
white(2)

녹색 비즈를
달아준다.

타원형 브로치

155

K.Blue's Embroidery 11

꽃다발과 오리

사용한 실
DMC 25번사 : white, 469, 598, 743, 827, 839, 921, 922, 977, 3031, 3041, 3042, 3364, 3820
울사 : 992

사용한 스티치
레이지 데이지 스티치, 백 스티치, 블리온 스티치, 새틴 스티치, 스크롤 스티치, 아웃라인 스티치, 저먼 노트 스티치, 카우칭 스티치, 캐스트 온 스티치, 프렌치 노트 스티치, 플라이 스티치

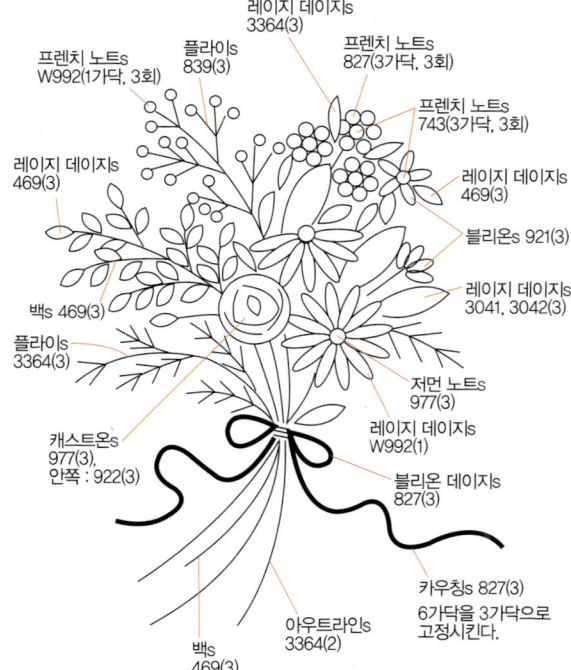

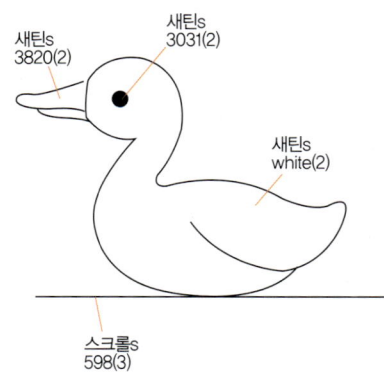

K.Blue's Embroidery 12

니들 케이스와 핀쿠션

사용한 실   DMC 25번사 : white, 210, 320, 340, 349, 350, 351, 367, 435, 437, 471, 554, 610, 611, 738, 742, 743, 744, 761, 776, 813, 816, 827, 904, 922, 935, 977, 989, 3041, 3348, 3364, 3371, 3712, 3790, 3822, 3836, 3862, 3865, 3888
DMC 25번 베리에이션사 : 4237

사용한 스티치   그라니토스 스티치, 레이지 데이지 스티치, 레이지드 리프 스티치, 롱앤드쇼트 스티치, 리프 스티치, 밀 플라워 스티치, 백 스티치, 버튼홀 스티치, 블리온 데이지 스티치, 블리온 스티치, 새틴 스티치, 서클 버튼홀 스티치, 스트레이트 스티치, 아우트라인 스티치, 체인 스티치, 체커드 체인 스티치, 프렌치 노트 스티치, 프리 스티치, 하프 서클 버튼홀 스티치, 헤링본 스티치, 휘프트 백 스티치

162

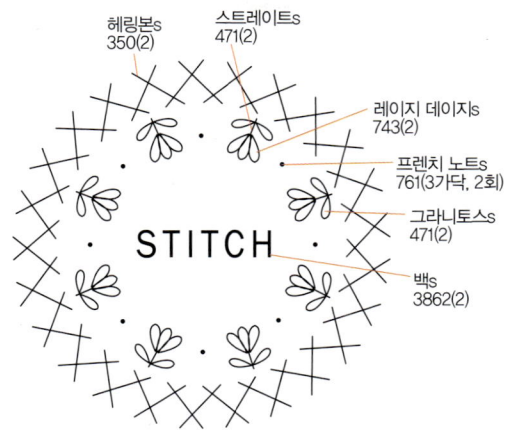

사이즈 : 지름 6cm

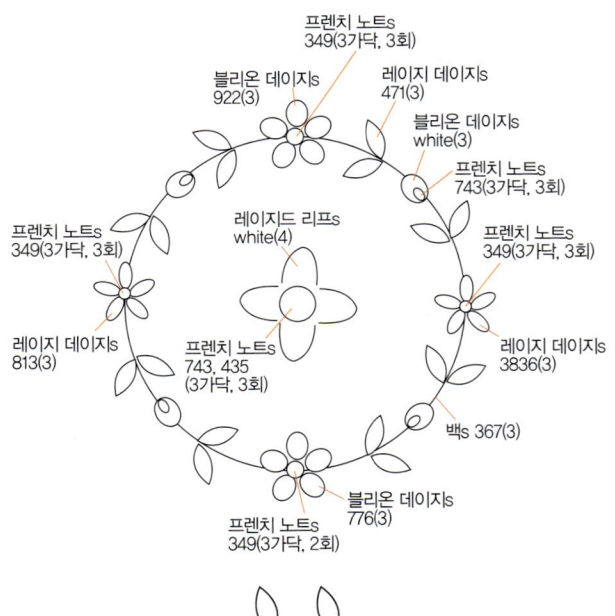

사이즈 : 7.5cm×7.5cm
높이 2cm

프렌치 노트s
3888(3가닥, 4회)
새틴s 351(3)
새틴s
white(3)
프리s
816(3)
백s
904(2)
블리온s
610(2)
프렌치 노트s
3041(3가닥, 4회)
리프s
904(3)
프렌치 노트s
3364(3가닥, 4회)
롱앤드숏s
3348(2)
스트레이트s
989(2)
새틴s
white(3)
씨 : 스트레이트s
610(1)
아우트라인s
611(2)
백s
435(1)
버튼홀s
white(2)
새틴s
white(2)
밀 플라워s
3865(2)
씨 : 스트레이트s
435, 437(1)
아우트라인s
3822(2)
등분하는 실
435(4)
Summer
Fruit
씨 : 스트레이트s
3371(2)
롱앤드숏s
350(3)
체커드 체인s
320, 935(3)
체인s
320(3)
아우트라인s
white(3)
아우트라인s
B4237(3)
백s
B4237(3)

버튼홀s 977(3)
프렌치 노트s
744(3가닥, 2회)
레이지 데이지s
827, 744(3)
레이지 데이지s
플라이s
471(3)
블리온s
554(3)
서클 버튼홀s
744(3)
휘프트 백s
3790, 738(3)
Needle
아우트라인s
3790(1)

새틴s
3348(2)
버튼홀s
340(3)
새틴s
320(2)
아우트라인s
320(2)
백s
320(2)
버튼홀s
210(2)
레이지 데이지s
3712(2)
버튼홀s
210(3)
버튼홀s
742, 744(3)
NEEDLE
스트레이트s
349(1)
하프 서클 버튼홀s
white(2)

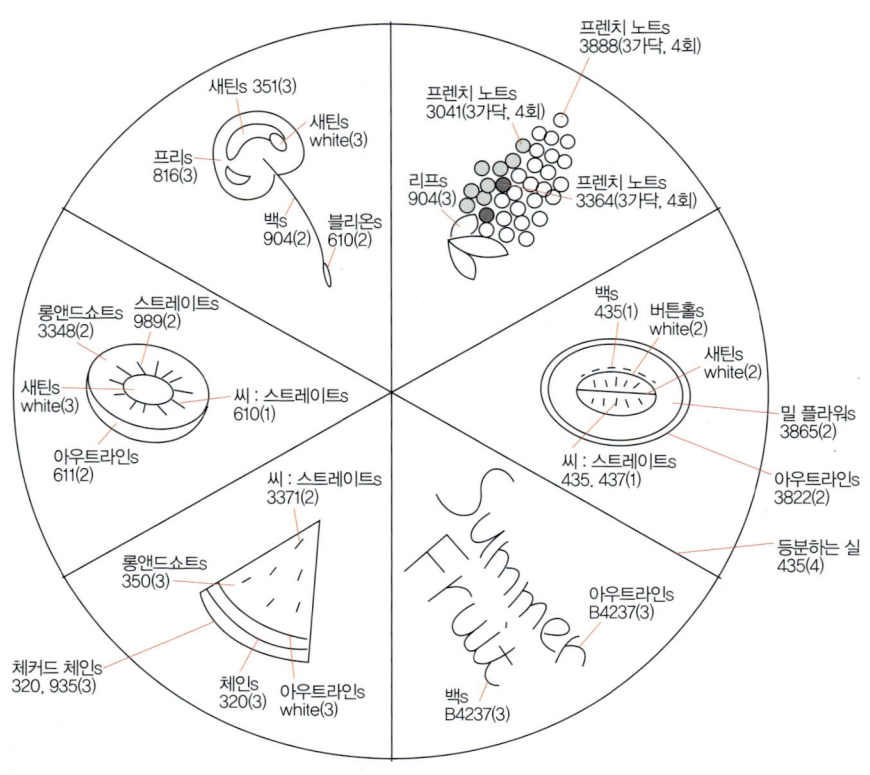

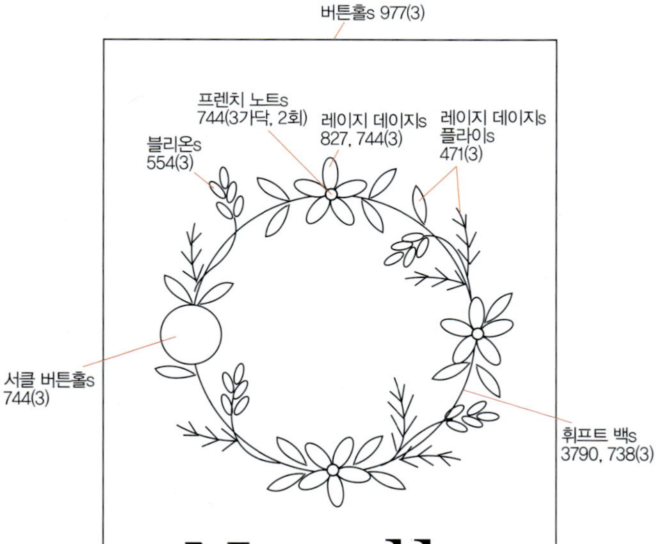

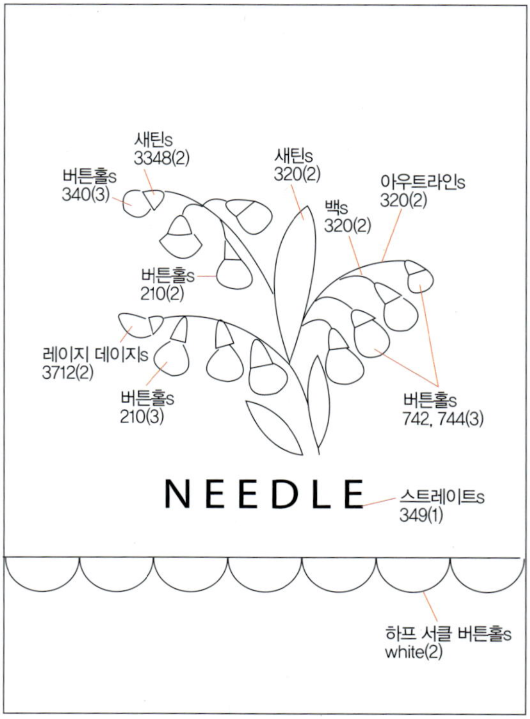

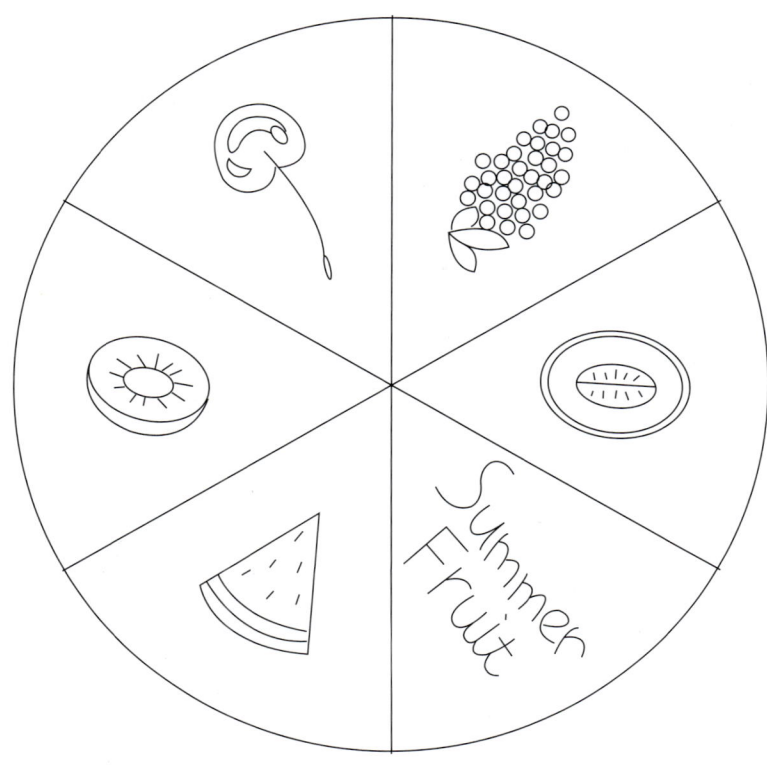

사이즈 : 원의 지름 10cm

사이즈 : 8.5×6cm

사이즈 : 9.5×7cm

K.Blue's Embroidery 13

꽃비 내리는 날

사용한 실 DMC 25번사 : white, 162, 224, 434, 471, 610, 646, 726, 730, 744, 778, 780, 801, 813, 932, 977, 3041, 3042, 3354, 3740, 3776, 3821, 3862

사용한 스티치 다닝 스티치, 러닝 스티치, 레이지 데이지 스티치, 백 스티치, 새틴 스티치, 아우트라인 스티치, 체인 스티치, 프렌치 노트 스티치

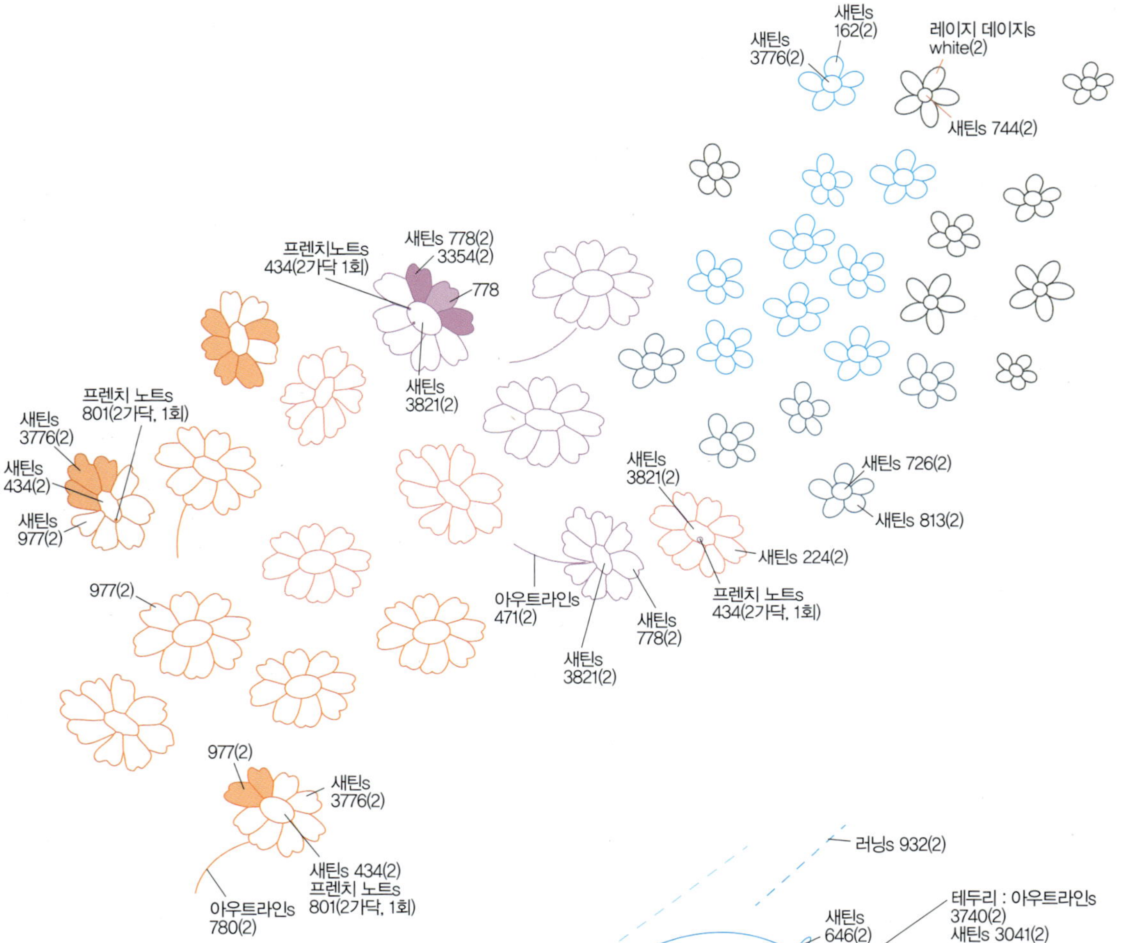

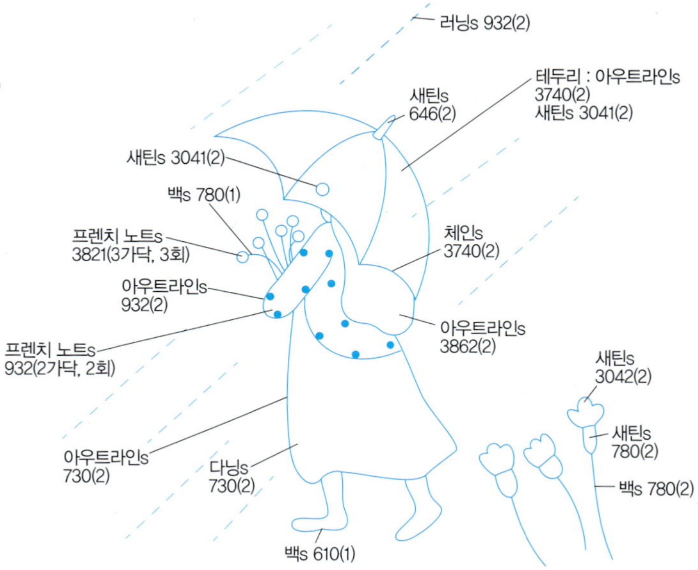

80% 축소
도안

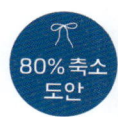

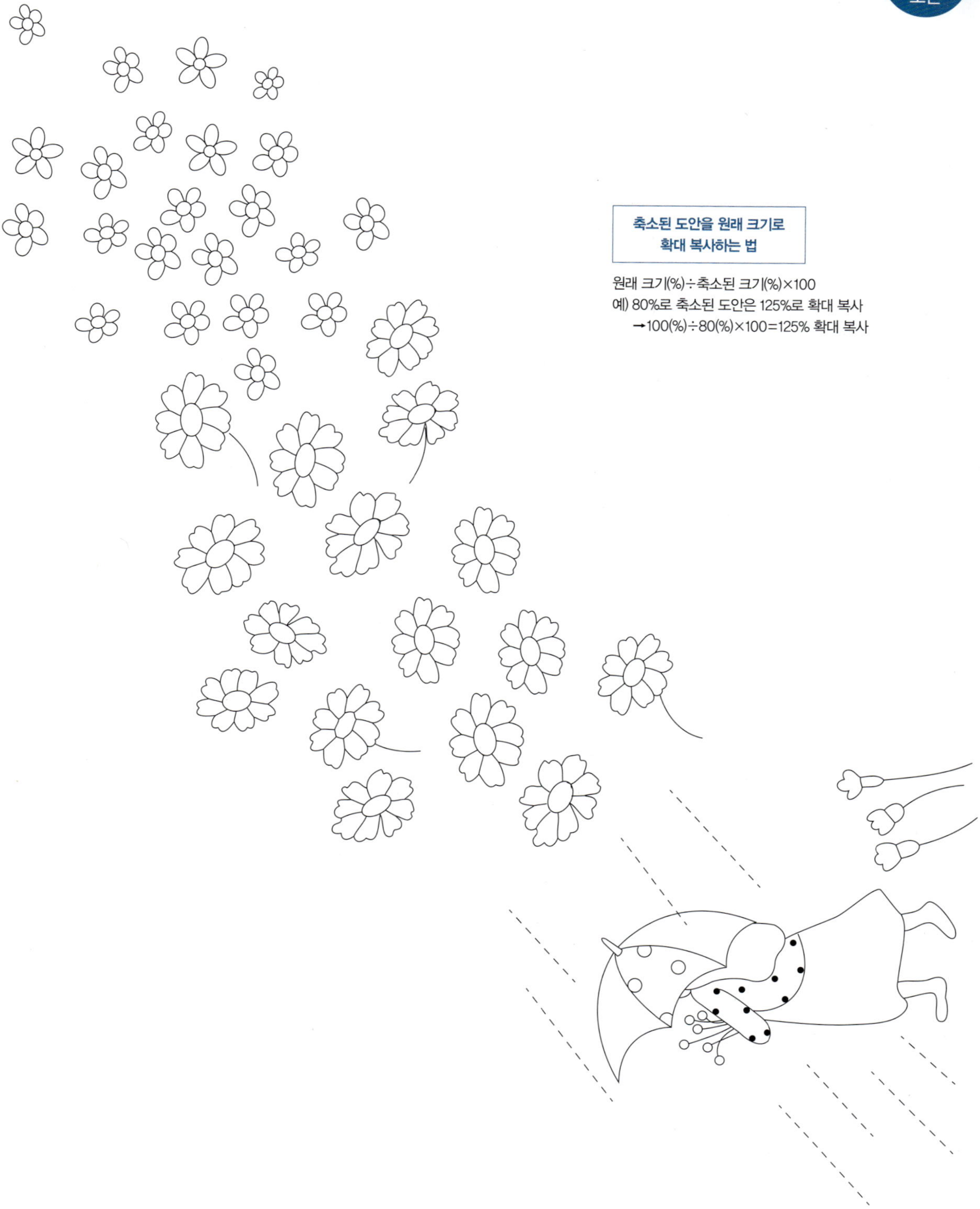

축소된 도안을 원래 크기로 확대 복사하는 법

원래 크기(%)÷축소된 크기(%)×100
예) 80%로 축소된 도안은 125%로 확대 복사
→100(%)÷80(%)×100=125% 확대 복사

K.Blue's Embroidery 14

화이트 도일리

사용한 실	DMC 25번사 : white
사용한 가닥 수	3가닥(따로 표기한 경우 제외)
사용한 스티치	그라니토스 스티치, 더블 캐스트온 스티치, 러닝 스티치, 러시안 체인 스티치, 레이지 데이지 스티치, 바스켓 스티치, 버튼홀 스티치, 번들 스티치, 브레이디드 스티치, 블리온 노트 스티치, 서클 버튼홀 스티치, 쉐이프드 버튼홀 스티치, 스레디드 백 스티치, 스트레이트 스티치, 아우트라인 스티치, 아일릿 스티치, 저먼 노트 스티치, 체인 스티치, 케이블 스티치, 케이블 체인 스티치, 크로스 스티치, 클로즈드 버튼홀 스티치, 클로즈드 페더 스티치, 페키니즈 스티치, 프렌치 노트 스티치, 플라이 스티치, 하프 서클 버튼홀 스티치, 헝가리안 브레이디드 체인 스티치

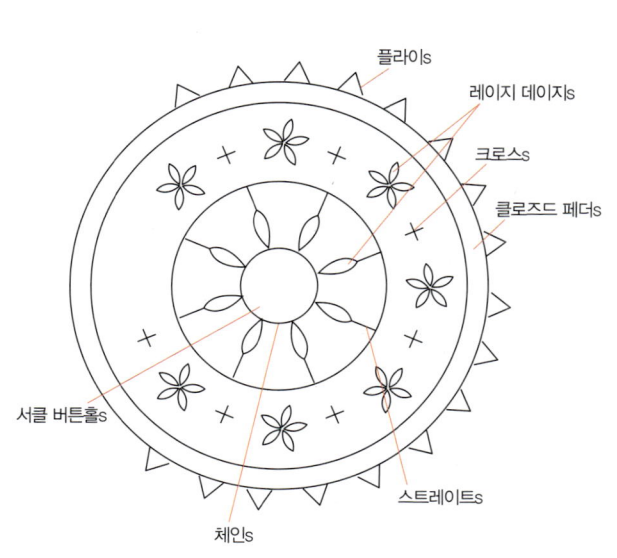

사이즈 : 지름 7.6cm

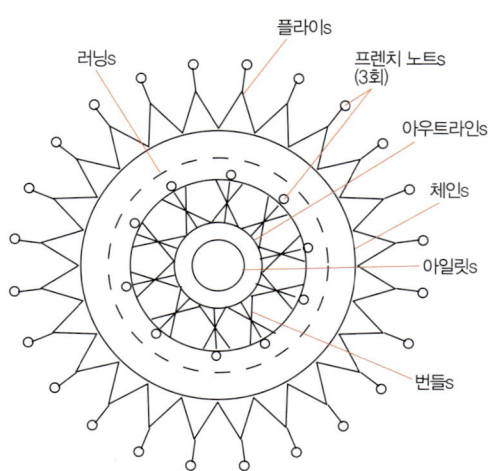

사이즈 : 지름 4.8cm

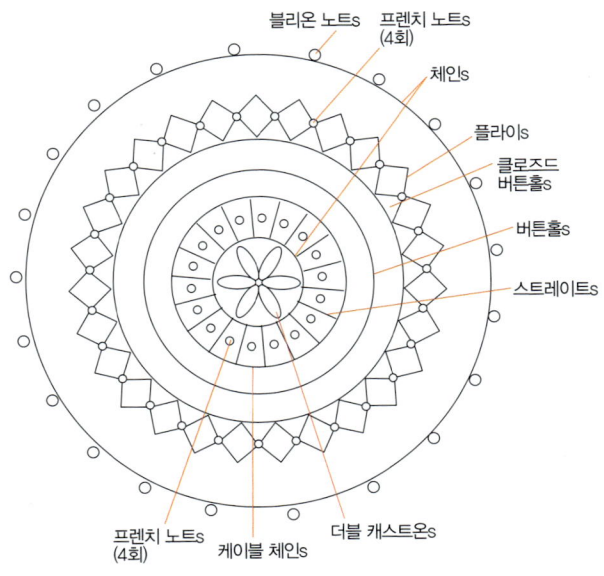
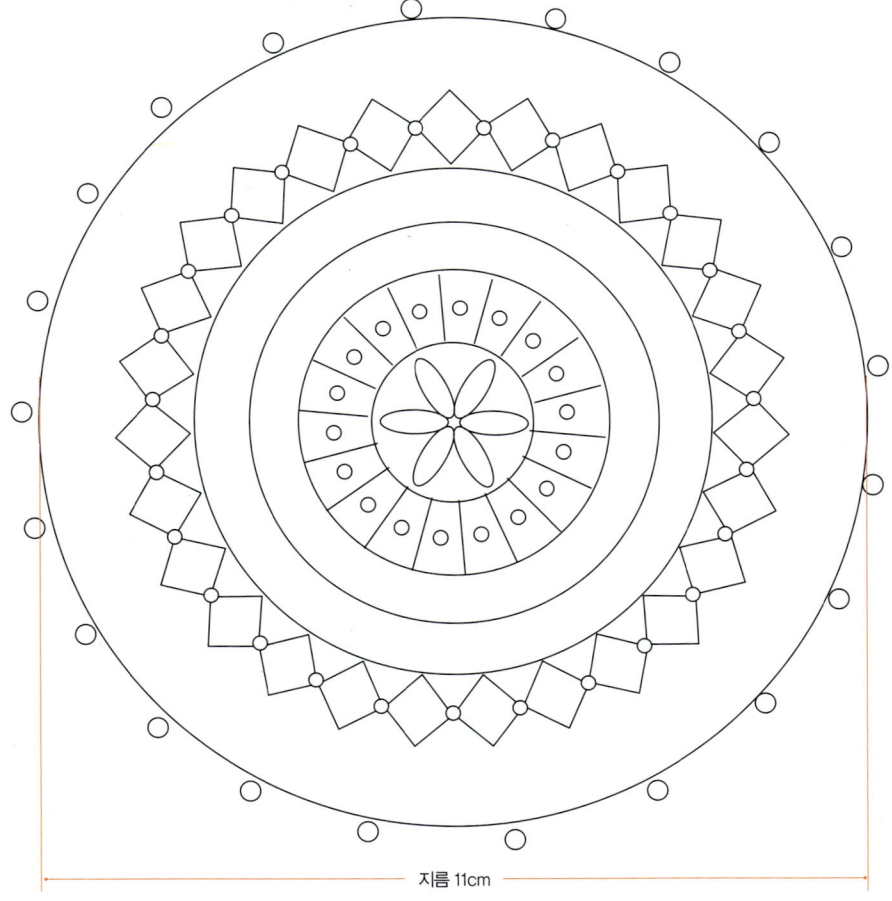

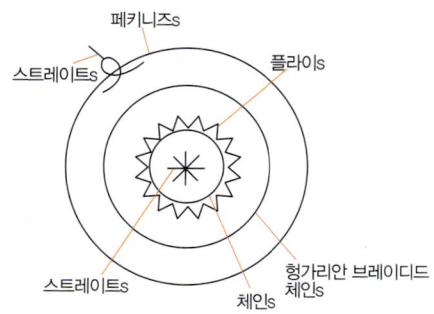
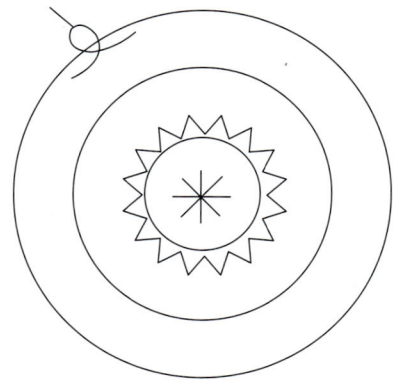

사이즈 : 체인s 기준 지름 5cm

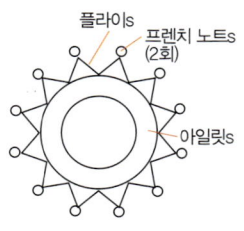
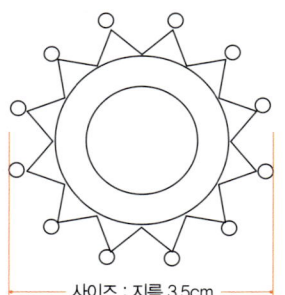

사이즈 : 지름 3.5cm

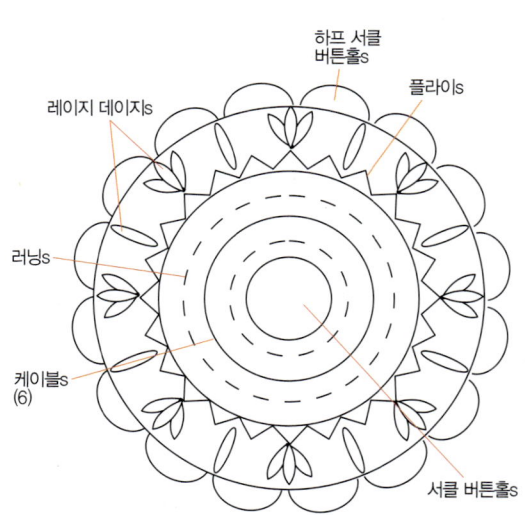

사이즈 : 지름 7cm

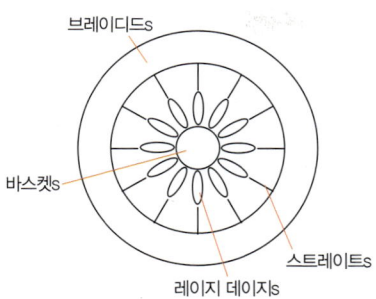

사이즈 : 지름 4.2cm

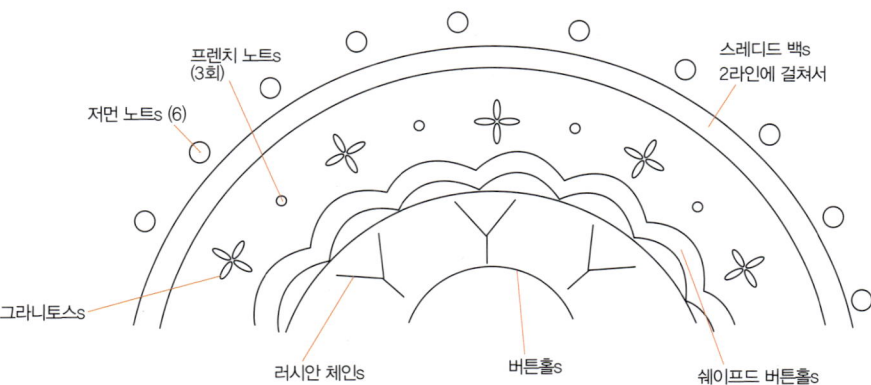

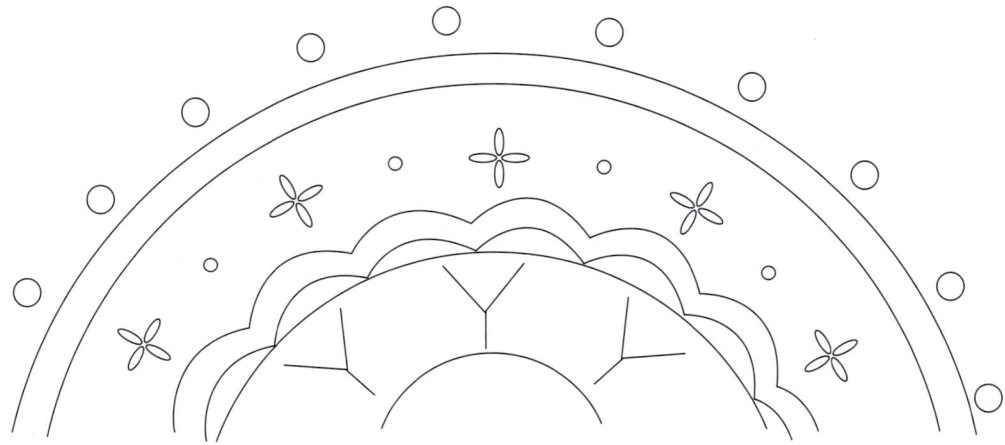

사이즈 : 지름 12.8cm

K.Blue's Embroidery 15

티슈 케이스

사용한 실 DMC 25번사 : 310, 336, 368, 437, 470, 522, 523, 642, 712, 745, 746, 754, 761, 841, 921, 932, 987, 3041, 3345, 3363, 3371, 3776, 3790, 3820, 3823

사용한 스티치 그라니토스 스티치, 레이지 데이지 스티치, 리프 스티치, 백 스티치, 블리온 노트 스티치, 블리온 스티치, 새틴 스티치, 서클 버튼홀 스티치, 스파이더 웹 로즈 스티치, 스트레이트 스티치, 아우트라인 스티치, 프렌치 노트 스티치, 프리 스티치, 플라이 스티치, 플랫 스티치

실물 크기 도안

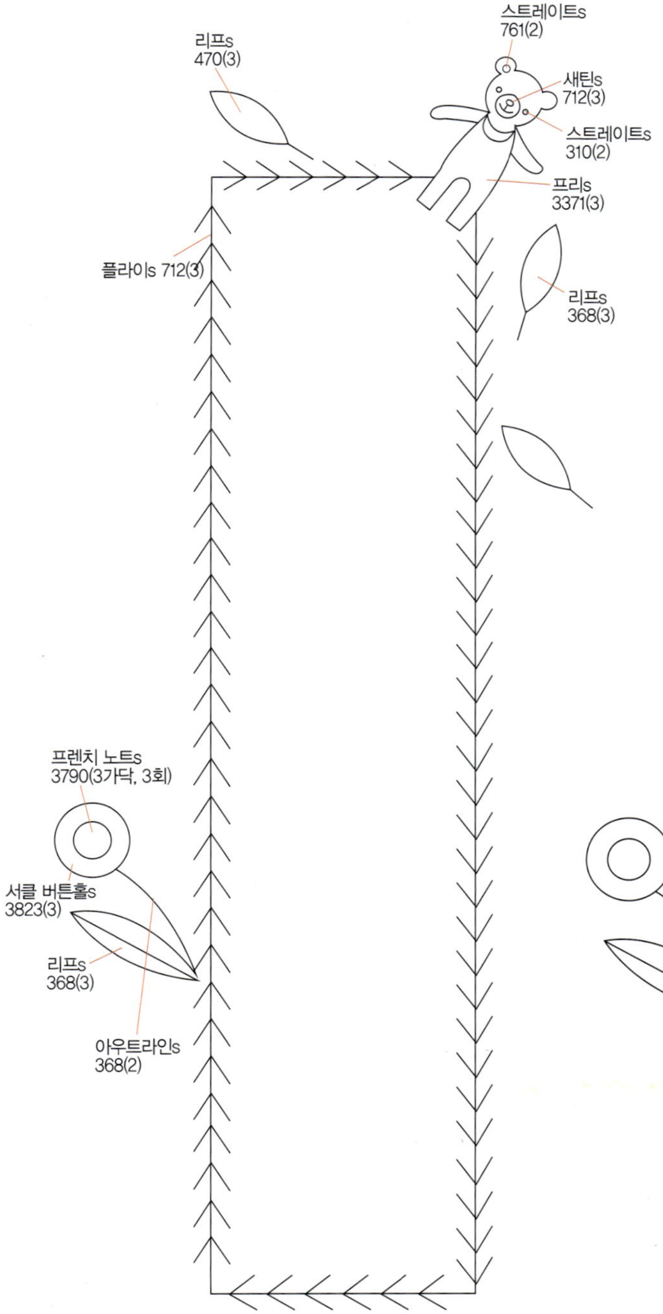

리프s 470(3)

스트레이트s 761(2)

새틴s 712(3)

스트레이트s 310(2)

프리s 3371(3)

플라이s 712(3)

리프s 368(3)

프렌치 노트s 3790(3가닥, 3회)

서클 버튼홀s 3823(3)

리프s 368(3)

아우트라인s 368(2)

181

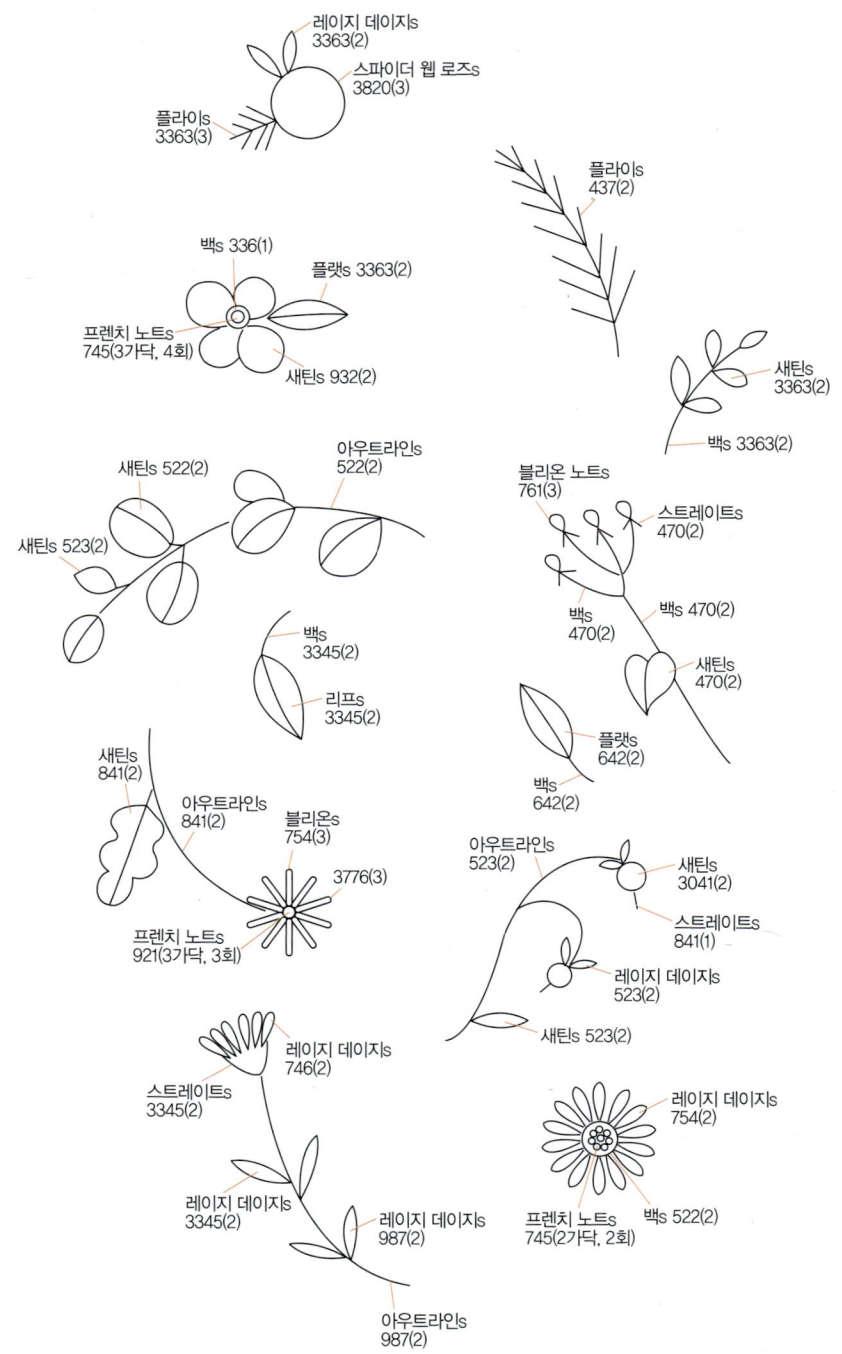

How to Make

준비하기 아이보리 리넨
52×40cm 1장(시접 포함)
28×3.2cm 2장
43×6cm 1장

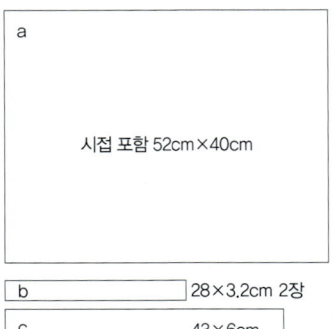

❶ a의 양끝을 오버로크 합니다.

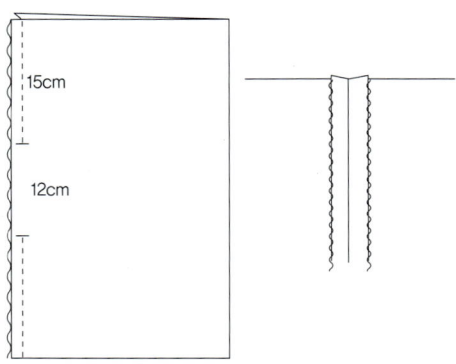

❷ 반을 접어 가운데를 제외하고 점선으로 표시된 곳을 시접 1cm로 박음질하고 시접을 가름질해줍니다.

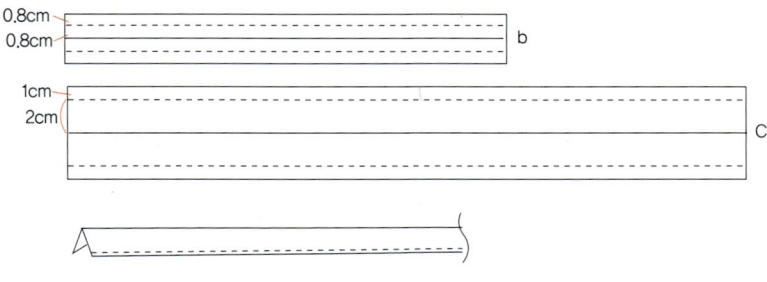

❸ b, c 끈을 양끝 말아박기 합니다.

How to Make

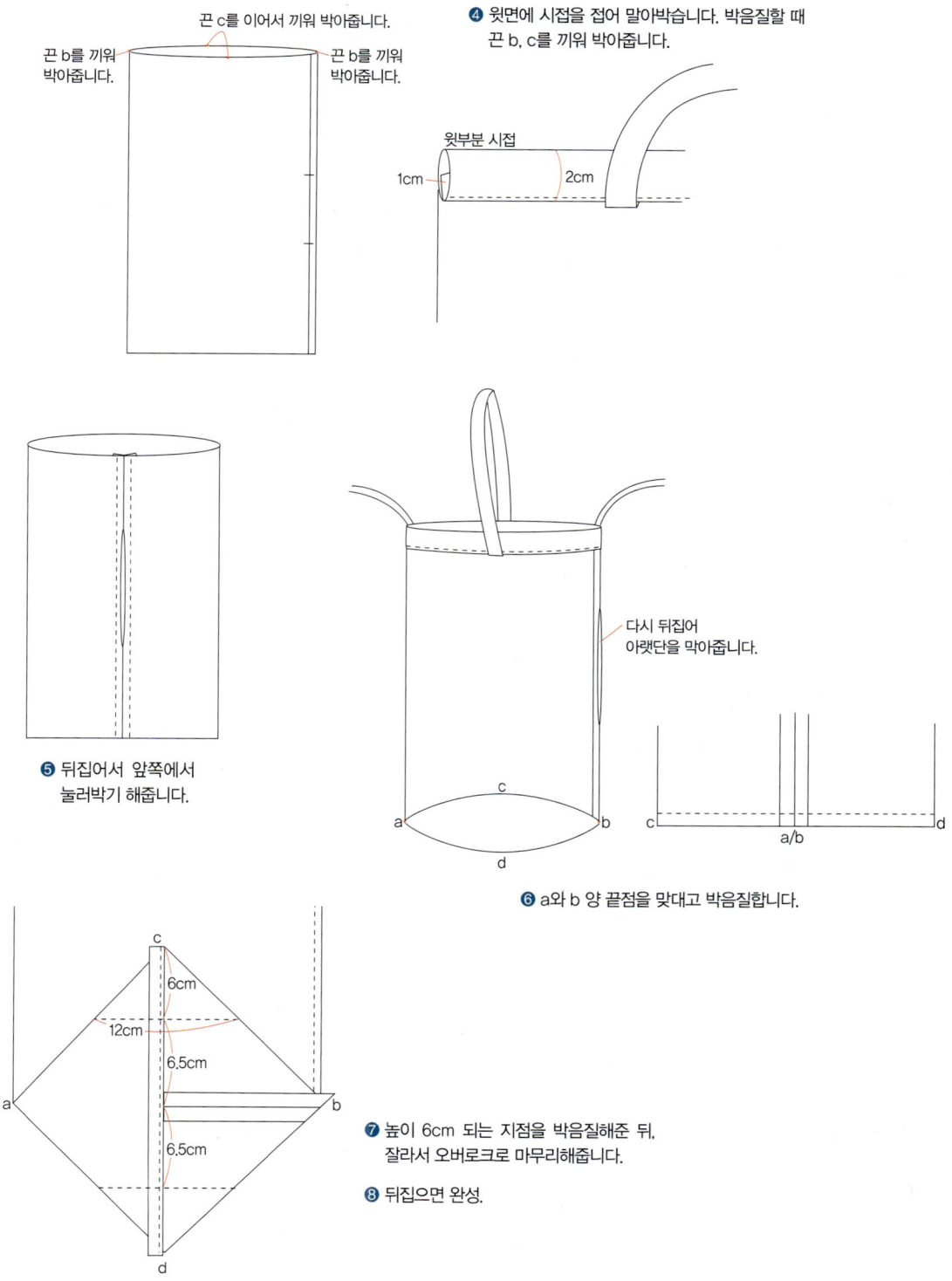

K.Blue's Embroidery 16

Plant story

사용한 실   DMC 25번사 : white, 160, 319, 320, 340, 367, 420, 433, 469, 470, 524, 632, 742, 743, 744, 806, 813, 898, 920, 922, 986, 3012, 3031, 3051, 3053, 3346, 3347, 3362, 3364, 3772, 3821, 3822, 3853

사용한 스티치   그라니토스 스티치, 더블 레이지 데이지 스티치, 레이지 데이지 스티치, 롱앤드쇼트 스티치, 리프 스티치, 백 스티치, 블리온 스티치, 새틴 스티치, 스트레이트 스티치, 아웃라인 스티치, 저먼 노트 스티치, 캐스트온 링 스티치, 캐스트온 스티치, 프렌치 노트 스티치, 플라이 스티치, 플랫 스티치, 피스틸 스티치

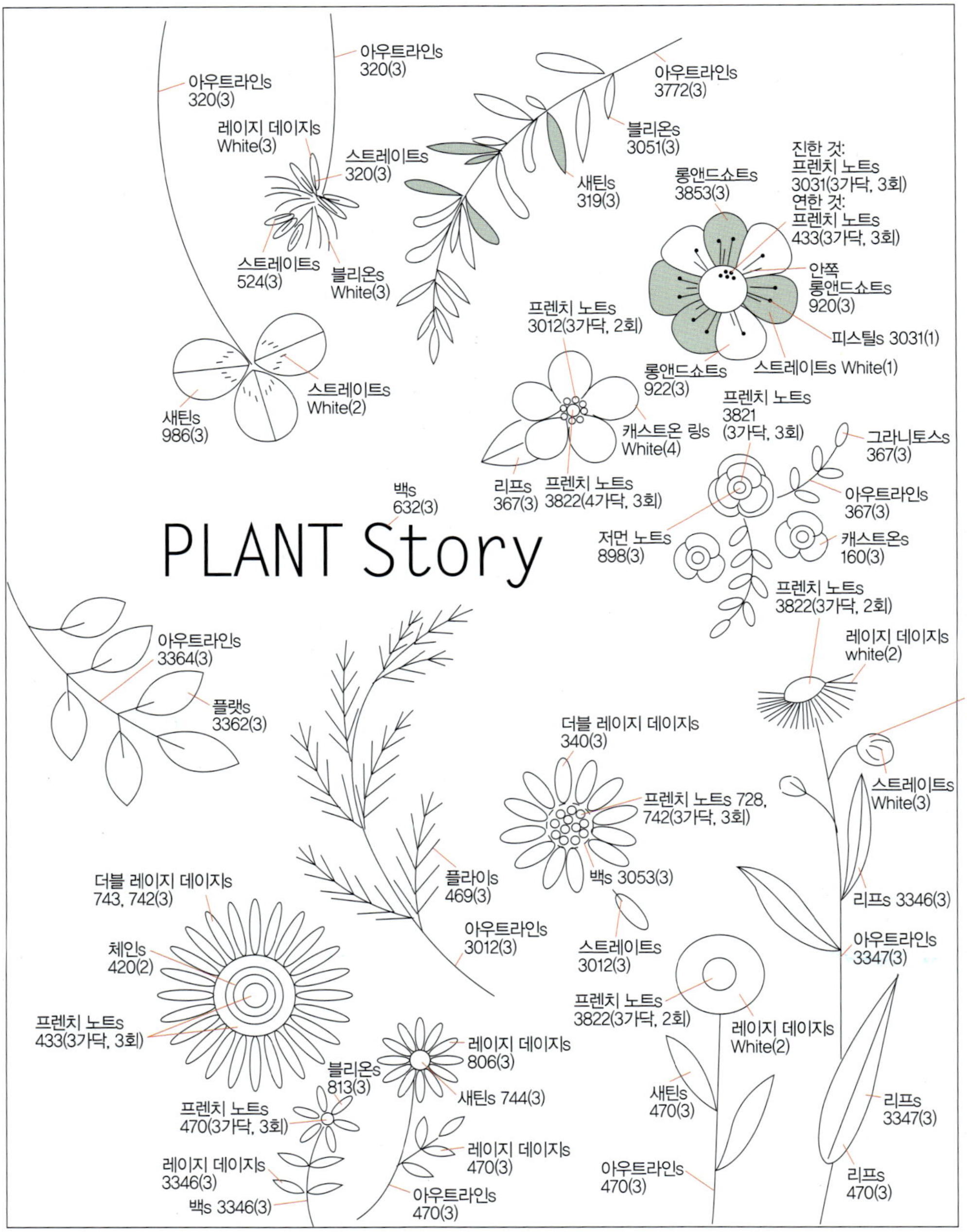

PLANT Story

- 아웃라인s 320(3)
- 아웃라인s 320(3)
- 레이지 데이지s White(3)
- 스트레이트s 320(3)
- 새틴 319(3)
- 아웃라인s 3772(3)
- 블리온s 3051(3)
- 롱앤드쇼트s 3853(3)
- 진한 것: 프렌치 노트s 3031(3가닥, 3회)
- 연한 것: 프렌치 노트s 433(3가닥, 3회)
- 안쪽 롱앤드쇼트s 920(3)
- 피스틸s 3031(1)
- 스트레이트s White(1)
- 스트레이트s 524(3)
- 블리온s White(3)
- 새틴s 986(3)
- 스트레이트s White(2)
- 프렌치 노트s 3012(3가닥, 2회)
- 롱앤드쇼트s 922(3)
- 캐스트온 링s White(4)
- 프렌치 노트s 3821 (3가닥, 3회)
- 그라니토스 367(3)
- 아웃라인s 367(3)
- 캐스트온s 160(3)
- 백s 632(3)
- 리프s 367(3)
- 프렌치 노트s 3822(4가닥, 3회)
- 저먼 노트s 898(3)
- 프렌치 노트s 3822(3가닥, 2회)
- 레이지 데이지s white(2)
- 레이지 데이지s 470(3)
- 아웃라인s 3364(3)
- 플랫s 3362(3)
- 더블 레이지 데이지s 340(3)
- 프렌치 노트s 728, 742(3가닥, 3회)
- 스트레이트s White(3)
- 리프 3346(3)
- 더블 레이지 데이지s 743, 742(3)
- 플라이s 469(3)
- 백s 3053(3)
- 아웃라인s 3012(3)
- 스트레이트s 3012(3)
- 체인s 420(2)
- 레이지 데이지s 806(3)
- 프렌치 노트s 3822(3가닥, 2회)
- 아웃라인s 3347(3)
- 프렌치 노트s 433(3가닥, 3회)
- 블리온s 813(3)
- 새틴 744(3)
- 레이지 데이지s White(2)
- 리프s 3347(3)
- 프렌치 노트s 470(3가닥, 3회)
- 레이지 데이지s 470(3)
- 새틴s 470(3)
- 레이지 데이지s 3346(3)
- 아웃라인s 470(3)
- 아웃라인s 470(3)
- 리프s 470(3)
- 백s 3346(3)

| 축소된 도안을 원래 크기로 확대 복사하는 법 | 원래 크기(%)÷축소된 크기(%)×100
예) 80%로 축소된 도안은 125%로 확대 복사
→100(%)÷80(%)×100=125% 확대 복사 |

80% 축소 도안

PLANT Story

K.Blue's Embroidery 17

입체꽃 액자

사용한 실　DMC 25번사 : white, 225, 320, 367, 368, 371, 372, 469, 553, 676, 729, 742, 743, 745, 758, 807, 819, 827, 922, 938, 966, 976, 986, 988, 3041, 3042, 3348, 3362, 3363, 3364, 3712, 3821, 3837, 3854, 3862, 3864
애플톤 울사 : 752, 991

사용한 스티치　그라니토스 스티치, 더블 캐스트온 스티치, 레이지 데이지 스티치, 레이지드 리프 스티치, 레이지드 스템 스파이더 웹 스티치, 롤 플라워 스티치, 리프 스티치, 링 스티치, 버튼홀 스티치, 블리온 노트 스티치, 블리온 로즈 스티치, 블리온 스티치, 새틴 스티치, 새틴 스티치 다트, 스미르나 스티치, 스크롤 스티치, 스템 로즈 스티치, 스파이더 웹 로즈 스티치, 아웃라인 스티치, 오픈 버튼홀 필링 스티치, 와이어 스티치, 캐스트온 스티치, 코랄 스티치, 프렌치 노트 스티치, 플라워 스티치, 플랫 스티치

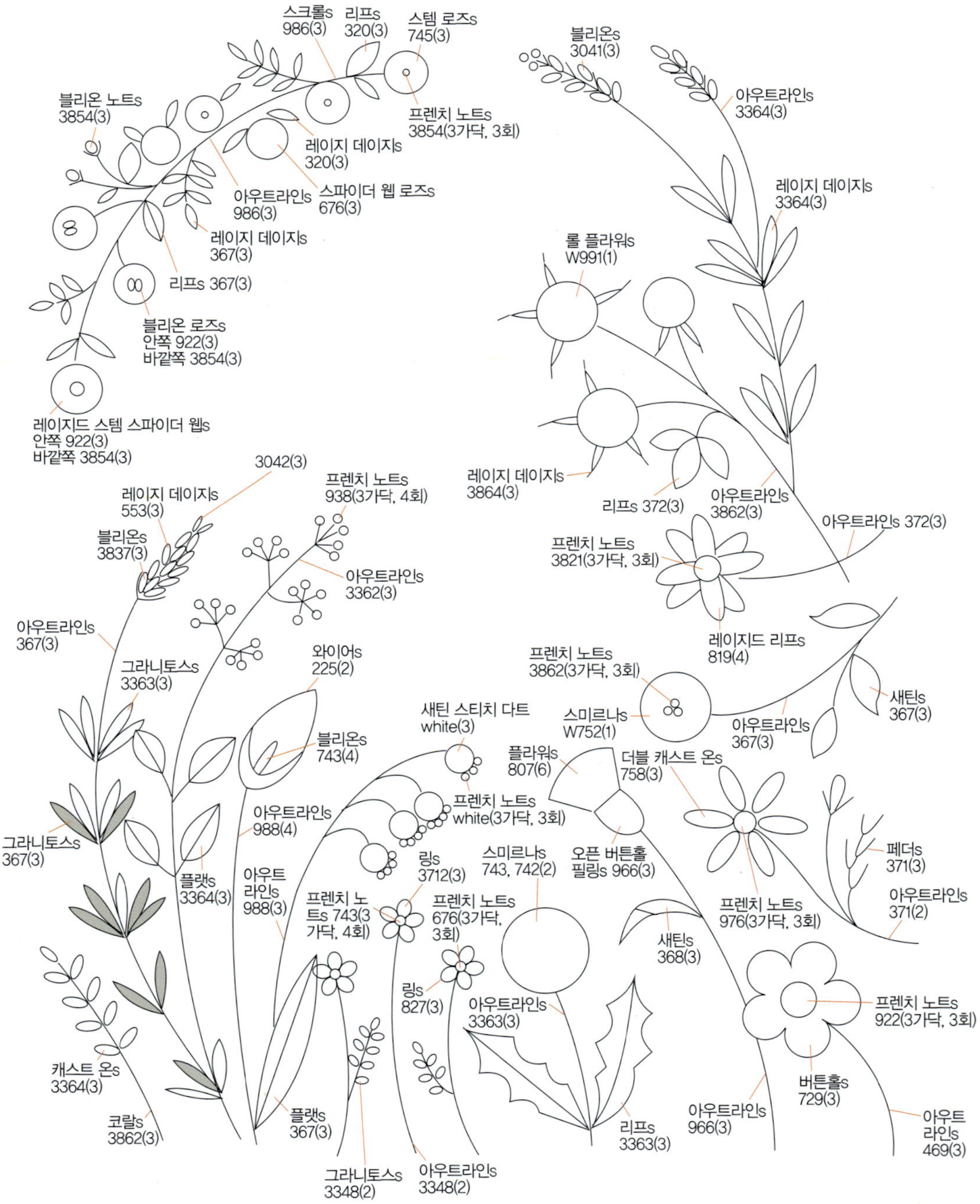

스크롤s 986(3)
리프s 320(3)
스템 로즈s 745(3)
블리온s 3041(3)
아웃라인s 3364(3)
블리온 노트s 3854(3)
프렌치 노트s 3854(3가닥, 3회)
레이지 데이지s 320(3)
레이지 데이지s 3364(3)
아웃라인s 986(3)
스파이더 웹 로즈s 676(3)
롤 플라워s W991(1)
레이지 데이지s 367(3)
리프 367(3)
블리온 로즈s 안쪽 922(3) 바깥쪽 3854(3)
레이지드 스템 스파이더 웹s 안쪽 922(3) 바깥쪽 3854(3)
3042(3)
프렌치 노트s 938(3가닥, 4회)
레이지 데이지s 553(3)
블리온s 3837(3)
아웃라인s 3362(3)
레이지 데이지s 3864(3)
리프 372(3)
아웃라인s 3862(3)
아웃라인s 372(3)
아웃라인s 367(3)
그라니토스s 3363(3)
와이어s 225(2)
프렌치 노트s 3821(3가닥, 3회)
레이지드 리프s 819(4)
새틴s 367(3)
그라니토스s 367(3)
블리온s 743(4)
새틴 스티치 다트 white(3)
스미르나s W752(1)
프렌치 노트s 3862(3가닥, 3회)
아웃라인s 367(3)
더블 캐스트 온s 758(3)
페드s 371(3)
플랫s 3364(3)
아웃라인s 988(4)
아웃라인s 988(4)
플라워s 807(6)
프렌치 노트s white(3가닥, 3회)
오픈 버튼홀 필링 966(3)
프렌치 노트s 976(3가닥, 3회)
아웃라인s 371(2)
프렌치 노트s 743(3가닥, 4회)
프렌치 노트s 676(3가닥, 3회)
링s 3712(3)
스미르나s 743, 742(2)
새틴s 368(3)
프렌치 노트s 922(3가닥, 3회)
캐스트 온s 3364(3)
링s 827(3)
아웃라인s 3363(3)
버튼홀s 729(3)
코랄s 3862(3)
플랫s 367(3)
리프s 3363(3)
아웃라인s 966(3)
아웃라인s 469(3)
그라니토스s 3348(2)
아웃라인s 3348(2)

80% 축소 도안

| 축소된 도안을 원래 크기로 확대 복사하는 법 |

원래 크기(%)÷축소된 크기(%)×100
예) 80%로 축소된 도안은 125%로 확대 복사
→100(%)÷80(%)×100=125% 확대 복사

K.Blue's Embroidery 18

크리스마스 카드

자수 준비

사용한 실 DMC 25번사 : white, 300, 301, 349, 350, 434, 435, 436, 437, 739, 743, 778, 801, 817, 828, 841, 921, 989, 3031, 3051, 3345, 3346, 3364, 3752, 3820, 3823, 3830
DMC 25번 베리에이션사 : 4042
DMC 라이트 이펙트사 : E3821

사용한 스티치 더블 크로스 스티치, 레이지 데이지 스티치, 백 스티치, 블리온 스티치, 새틴 스티치, 스미르나 스티치, 스트레이트 스티치, 아우트라인 스티치, 체인 스티치, 카우칭 스티치, 크로스 스티치, 프렌치 노트 스티치, 프리 스티치, 플라이 스티치, 플랫 스티치, 휘프트 체인 스티치

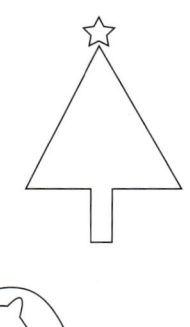
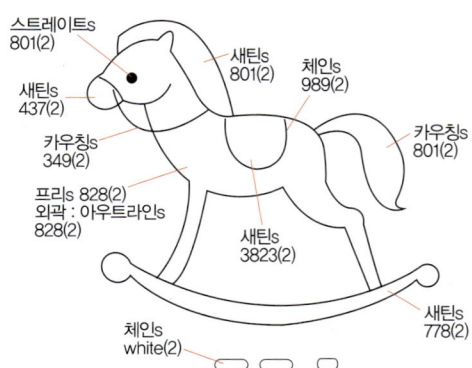

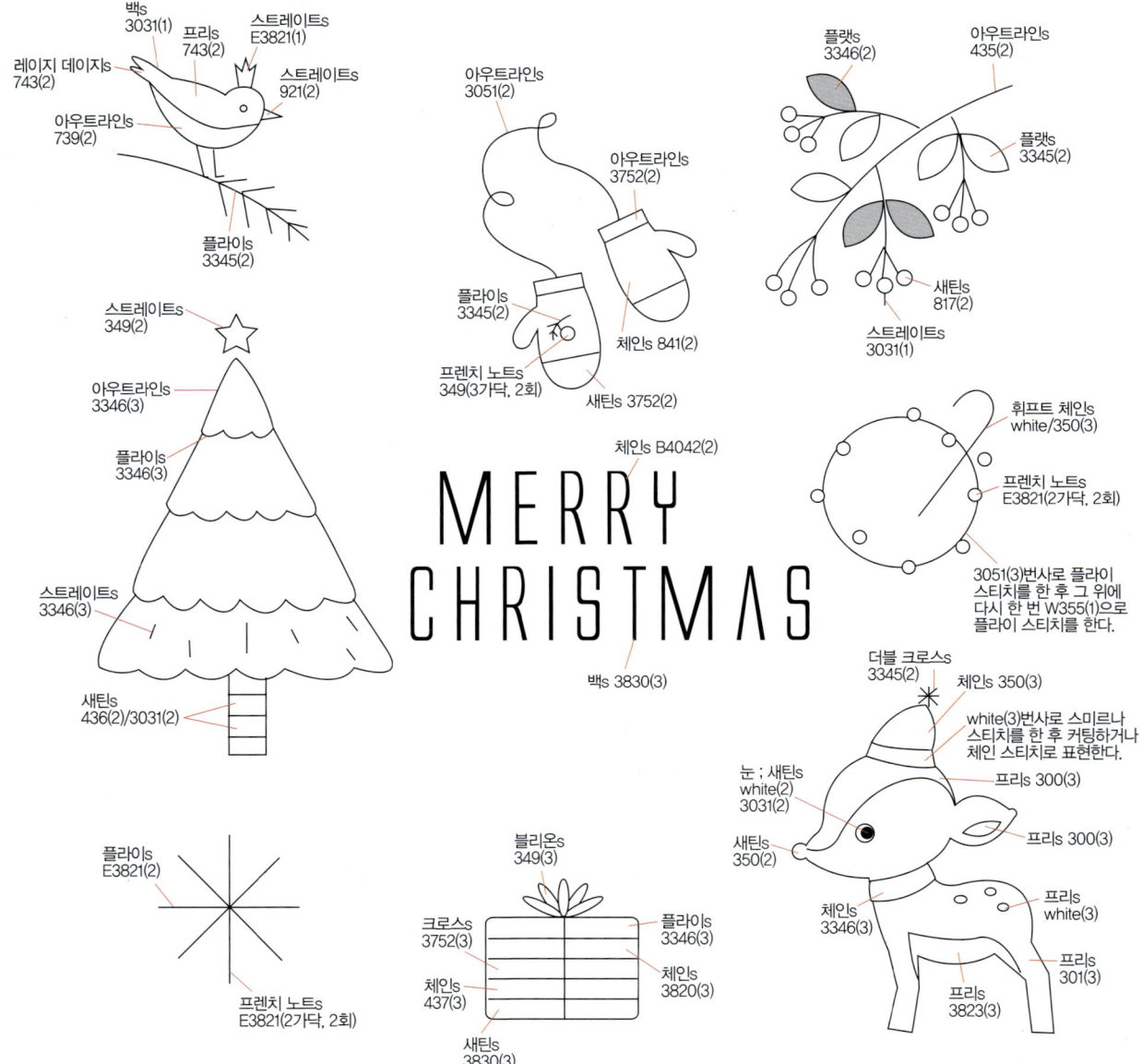

MERRY
CHRISTMAS

**케이블루의 프랑스 자수
스티치 106**

초판 1쇄 발행 2017년 11월 10일
초판 10쇄 발행 2025년 9월 2일

지은이 김소영
펴낸이 이지은 **펴낸곳** 팜파스
기획·진행 이진아 **편집** 정은아
스티치 일러스트 정은영, 김소영
디자인 조성미 **마케팅** 김민경, 김서희

출판등록 2002년 12월 30일 제 10-2536호
주소 서울특별시 마포구 어울마당로5길 18 팜파스빌딩 2층
대표전화 02-335-3681 **팩스** 02-335-3743
홈페이지 www.pampasbook.com | blog.naver.com/pampasbook
이메일 pampas@pampasbook.com

값 15,800원
ISBN 979-11-7026-180-3 (13590)

ⓒ 2017, 김소영

· 이 책의 일부 내용을 인용하거나 발췌하려면 반드시 저작권자의 동의를 얻어야 합니다.
· 잘못된 책은 바꿔 드립니다.

> 이 도서의 국립중앙도서관 출판시도서목록(CIP)은 서지정보유통지원시스템 홈페이지
> (http://seoji.nl.go.kr)와 국가자료공동목록시스템(http://www.nl.go.kr/kolisnet)에서
> 이용하실 수 있습니다.(CIP제어번호: CIP2017026642)

이 책에 나오는 작품 및 일러스트는 저자의 소중한 작품입니다.
작품에 대한 저작권은 저자에게 있으며 2차 수정·도용·상업적 용도의 사용을 금합니다.